CW01500882

Printed in the USA

Sinhalese Language:
The Sinhalese Phrasebook and Dictionary

By Akila Buddhika

Contents

1. THE BASICS 1

- a. Numbers 1
  - Ordinal numbers 2
  - Incomplete amounts 2
  - Useful phrases 3
- b. Time & Dates 3
  - General time 3
  - Months 4
- c. Customs 4
- d. Getting Around/Transport 5
- e. Hotels 7
- f. Directions 9
- g. Shopping 10
- h. At the bank 12
- i. Internet 13
- j. Cell Phone 14
- k. Post office 15
- l. Business 15
- m. Museums/Tours 16
- n. Special Need Travelers (Seniors, Children, Disabilities) 18

2. MEETING PEOPLE 19

- a. Getting Acquainted 19
- b. Opinions/States of Being 21
- c. Inviting People Out (Music/Nightclubs/Performing Arts) 22
- d. Hiking 25
- e. Sports 26
- f. Sex & Romance 28

3. EMERGENCIES 30

4. MEDICAL CARE 31
Women 32

5. MINI DICTIONARY 34
a. English to Sinhalese 34
b. Sinhalese to English 84

1. THE BASICS

a. Numbers

One (1)	එක (1)	eka
Two (2)	දෙක (2)	deka
Three (3)	තුන (3)	tuna
Four (4)	හතර (4)	hatara
Five (5)	පහ (5)	paha
Six (6)	හය (6)	haya
Seven (7)	හත (7)	hata
Eight (8)	අට (8)	ata
Nine (9)	නවය (9)	navaya
Ten (10)	දහය (10)	dahaya
Eleven (11)	එකොළහ (11)	ekolaha
Twelve (12)	දොළහ (12)	dolaha
Thirteen (13)	දහතුන (13)	dahatuna
Fourteen (14)	දහ හතර (14)	daha hatara
Fifteen (15)	පහළොව (15)	pahalova
Sixteen (16)	දහසය (16)	dahasaya
Seventeen (17)	දහහත (17)	dahahata
Eighteen (18)	දහ අට (18)	daha ata
Nineteen (19)	දහනවය (19)	dahanavaya
Twenty (20)	විස්ස (20)	vissa
Thirty (30)	තිහ (30)	tiha
Forty (40)	හතළිහ (40)	hataḷiha
Fifty (50)	පනහ (50)	panaha
Sixty (60)	හැට (60)	hæṭa
Seventy (70)	හැත්තෑව (70)	hæt**tǣ**va
Eighty (80)	අසූව (80)	a**sū**va
Ninety (90)	අනූව (90)	a**nū**va
One hundred (100)	සියය (100)	siyaya
One thousand (1000)	දහස (1000)	dahasa
Ten thousand (10.000)	දස දහස (10.000)	dasa dahasa
Fifty thousand (50.000)	පනස් දහස (50.000)	panas dahasa
One hundred thousand (100.000)	ලක්ෂය (100.000)	lakṣaya

One million (1.000.000)	මිලියනය (1.000.000)	miliyanaya

Ordinal numbers

First	පලමු	palamu
Second	දෙවැනි	devæni
Third	තුන්වන	tunvana
Fourth	හතරවන	hataravana
Fifth	පස්වන	pasvana
Sixth	හය වන	haya vana
Seventh	හත්වැනි	hatvæni
Eighth	අටවන	aṭavana
Ninth	නවවැනි	navavæni
Tenth	දහවැනි	dahavæni
Eleventh	එකොළොස්වැනි	ekoḷosvæni
Twelfth	දොළොස්වැනි	doḷosvæni
Thirteenth	දහතුන් වන	dahatun vana
Fourteenth	දහහතර වන	dahahatara vana
Fifteenth	පහළොස් වන	pahaḷos vana
Sixteenth	දහසයවන	dahasayavana
Sventeenth	දහහත් වන	dahahat vana
Eighteenth	දහඅට වන	dahaaṭa vana
Ninteenth	දහනව වන	dahanava vana
Twentieth	විසිවන	visivana

Incomplete amounts

All	සියලු	siyalu
Half	අර්ධ	ardha
A third	තුනෙන් එකක්	tunen ekak
A quarter	හතරෙන් එකක්	hataren ekak
A fifth	පහෙන් එකක්	pahen ekak
A sixth	හයෙන් එකක්	hayen ekak
A seventh	හතෙන් එකක්	haten ekak
An eighth	අටෙන් එකක්	aṭen ekak
A ninth	නවයෙන් එකක්	navayen ekak
A tenth	දහයෙන් එකක්	dahayen ekak

Useful phrases

How much?	කොපමණ ද?	kopamaṇa da?
A little	පොඩ්ඩක්	poḍḍak
Some	ඇතැම්	ætæm
A lot	ගොඩක්	goḍak
More	තව	tava

b. Time & Dates

Days of the week	සතියේ දින	sati**yē** dina
Monday	සඳුදා	sadu**dā**
Tuesday	අඟහරුවාදා	aňgaharu**vādā**
Wednesday	බදාදා	ba**dādā**
Thursday	බ්රහස්පතින්දා	brahaspatin**dā**
Friday	සිකුරාදා	siku**rādā**
Saturday	සෙනසුරාදා	senasu**rādā**
Sunday	ඉරිදා	iri**dā**

General time

What time is it?	වේලාව කීයද?	**vēlā**va **kī**yada?
It's 6 PM.	එය සවස 6 වේ.	eya savasa 6 **vē.**
In the morning	උදෑසන	u**dǣ**sana
In the afternoon	දිවා කාලයේ දී	di**vā kā**la**yē dī**
In the evening	හවස	havasa
Fifteen minutes till 6	6 දක්වා විනාඩි පහළොවක්	6 dak**vā** vi**nā**ḍi pahaḷovak
10 minutes till 6	6 දක්වා විනාඩි දහයක්	6 dak**vā** vi**nā**ḍi dahayak
Today	අද	ada
Yesterday	ඊයේ	**īyē**
Now	දැන්	dæn
Tonight	අද රෑ	ada **rǣ**
In the morning	උදෑසන	u**dǣ**sana
In the evening	හවස	havasa
In the afternoon	දිවා කාලයේ දී	di**vā kā**la**yē dī**
This Tuesday	මෙම අඟහරුවාදා	mema aňgaharu**vādā**
This week	මෙම සතිය	mema satiya

This month	මේ මාසය	**mē mā**saya
This year	මෙම වසර	mema vasara
Tomorrow morning	හෙට උදෑසන	heṭa u**dǣ**sana
Tomorrow afternoon	හෙට දිවා කාලයේ දී	heṭa di**vā kā**la**yē dī**
Tomorrow evening	හෙට හවස	heṭa havasa
Yesterday morning	ඊයේ උදෑසන	**īyē** u**dǣ**sana
Yesterday afternoon	ඊයේ දිවා කාලයේ දී	**īyē** di**vā kā**la**yē dī**
Yesterday evening	ඊයේ හවස	**īyē** havasa

Months

January	ජනවාරි	jana**vā**ri
February	පෙබරවාරි	pebara**vā**ri
March	මාර්තු	**mā**rtu
April	අප්රේල්	ap**rē**l
May	මැයි	mæyi
June	ජූනි	**jū**ni
July	ජුලි	**ju**li
August	අගෝස්තු	a**gō**stu
September	සැප්තැම්බර්	sæptæmbar
October	ඔක්තෝම්බර්	ok**tō**mbar
November	නොවැම්බර්	novæmbar
December	දෙසැම්බර්	desæmbar
What date is today?	අද දිනය කුමක්ද?	ada dinaya kumakda ?

c. Customs

Q: Do you have something to declare?	ප්ර: ඔබට පැවසීමට යමක් තිබේද?	Pra : obaṭa pævas**ī**maṭa yamak tib**ē**da?
A: I have something to declare	පි: මට පැවසීමට යමක් තිබේ	Pi : maṭa pævas**ī**maṭa yamak tib**ē**
A: I have ... to declare	පි: මට පවසන්න තියෙනවා ...	Pi : maṭa pavasanna tiyena**vā**

A: I have nothing to declare	පි: මට පවසන්න කිසිවක් නැහැ	Pi : maṭa pavasanna kisivak næhæ
I will be in the country for ... days	මම දින ... ක් රටේ ඉඳීවි	mama dina ... k raṭ**ē** ĭnd**ī**vi
I wil be staying at ...	මම ... හි නවාතැන් ගනීවි	mama ... hi nav**ā**tæn gan**ī**vi
I'm a tourist	මම සංචාරකයෙක්මි	mama saṁc**ā**rakayekmi
I'm doing business here	මම මෙහෙ ව්‍යාපාර කරමින් ඉන්නවා	mama mehe **vyāpā**ra karamin innav**ā**
Do you speak English?	ඔයා ඉංග්‍රීසි කතා කරනවාද?	oy**ā** iṁgr**ī**si kat**ā** karanav**ā**da?
I don't understand	මට තේරෙන්නෙ නැහැ	maṭa **tē**renne næhæ
I'm sorry	මට සමාවෙන්න	maṭa sam**ā**venna
Q: Where did you arrive from?	ප්‍ර: ඔබ පැමිණියේ කොහි සිටද?	Pra : oba pæmiṇi**yē** kohi siṭada?
A: I arrived from ...	පි: මම පැමිණියේ ...	pi: mama pæmiṇi**yē** ...
Q: How long will you be here?	ප්‍ර: ඔබ මෙහෙ කොපමණ කාලයක් සිටිනවාද?	pra: oba mehe kopamaṇa **kā**layak siṭinav**ā**da?
A: I will be here for ... days	පි: මම මෙහෙ දින ... සිටිනවා	pi: mama mehe dina ... siṭinav**ā**
CUSTOMS VOCABULARY BANK		
Passport	විදේශ ගමන් බලපත්‍රය	vid**ē**śa gaman balapatraya
Ticket	ප්‍රවේශ පත්‍රය	prav**ē**śa patraya
Baggage claim check		
Immigration	ආගමන	**ā**gamana
Passport control	විදේශ ගමන් බලපත්‍ර පාලනය	vid**ē**śa gaman balapatra **pā**lanaya

d. Getting Around/Transport

VOCAB BANK	වොකැබ් බැංකුව	vokæb bæṁkuva
BUS	බසය	basaya

Where is the bus stop?	බස් නැවතුම්පල කොහෙද?	bas nævatumpala koheda?
When is the next stop?	මීළඟ බස් නැවතුම කීයටද?	**mī**ḷaňga bas nævatuma **kī**yaṭada?
When is the next bus?	මීළඟ බස් එක කීයටද?	**mī**ḷaňga bas eka **kī**yaṭada?
When is the last bus?	අන්තිම බස් එක කීයටද?	antima bas eka **kī**yaṭada?
Does this bus go to ...	මෙම බස් එක ... යනවාද?	mema bas eka ... yana**vā**da?
Is this seat taken?	මෙම ආසනය අරගෙනද?	mema **ā**sanaya aragenada?
How much is it?	ඒකේ මිල කීයද?	**ēkē** mila **kī**yada?
Where can I buy a ticket?	මට ප්‍රවේශ පත්‍රයක් මිලදී ගත හැක්කේ කොහෙන්ද?	maṭa pra**vē**śa patrayak mila**dī** gata hæk**kē** kohenda?
One ticket please.	කරුණාකර ප්‍රවේශ පත්‍රයක් දෙන්න.	karu**ṇā**kara pra**vē**śa patrayak denna.
Two tickets please	කරුණාකර ප්‍රවේශ පත්‍ර දෙකක් දෙන්න	karu**ṇā**kara pra**vē**śa patra dekak denna
Three tickets please	කරුණාකර ප්‍රවේශ පත්‍ර තුනක් දෙන්න	karu**ṇā**kara pra**vē**śa patra tunak denna
Four tickets please	කරුණාකර ප්‍රවේශ පත්‍ර හතරක් දෙන්න	karu**ṇā**kara pra**vē**śa patra hatarak denna
TAXI	කුලී රථය	kul**ī** rathaya
Where can I get a taxi?	මට කුලී රථයක් ගන්න පුලුවන් කොහෙන්ද?	maṭa kul**ī** rathayak ganna puluvan kohenda?
I need a taxi.	මට කුලී රථයක් අවශ්‍යයි.	maṭa kul**ī** rathayak avaśyayi.
How much is it?	ඒකේ මිල කීයද?	**ēkē** mila **kī**yada?
Please drive me to this address.	කරුණාකර මාව මෙම ලිපිනයට රැගෙන යන්න.	karu**ṇā**kara **mā**va mema lipinayaṭa rægena yanna.
Please stop here.	කරුණාකර මෙතන නවත්වන්න.	karu**ṇā**kara metana navatvanna.

I need to get out.	මට පිටතට යාමට අවශ්‍යයි.	maṭa piṭataṭa **yā**maṭa avaśyayi.

e. Hotels

BOOKING IN ADVANCE	කල්තියා වෙන්කර ගැනීම	kalti**yā** venkara gæ**nī**ma
Do you have a room?	ඔබට කාමරයක් තිබේද?	obaṭa **kā**marayak ti**bē**da?
How much is it per night?	එක් රැයකට මිල කීයද?	ek ræyakaṭa mila **kī**yada?
Does it include Internet?	එහි අන්තර්ජාලය අන්තර්ගතද?	ehi antar**jā**laya antargatada?
How much is Internet access?	අන්තර්ජාලයට ප්‍රවේශ වීමට මිල කීයද?	antar**jā**layaṭa pra**vē**śa **vī**maṭa mila **kī**yada?
Is the Internet fast?	අන්තර්ජාලය වේගවත්ද?	antar**jā**laya **vē**gavatda?
I need one bed	මට එක් ඇඳක් අවශ්‍යයි	maṭa ek æ̆ndak avaśyayi
I need two beds	මට ඇඳන් දෙකක් අවශ්‍යයි	maṭa æ̆ndan dekak avaśyayi
It's for...	ඒක ... සඳහා	**ē**ka ... să̆nda**hā**
...one person	... එක් අයෙක්	... ek ayek
...two people	... දෙදෙනෙක්	... dedenek
...three people	... තුන් දෙනෙක්	.. tun denek
...four people	... හතර දෙනෙක්	... hatara denek
... five people	... පස් දෙනෙක්	... pas denek
... six people	... හය දෙනෙක්	... haya denek
I'd like to see the room, please	කරුණාකර මම කැමතියි කාමරය බලන්න	karu**ṇā**kara mama kæmatiyi **kā**maraya balanna
Could we do a lower price, please?	කරුණාකර අඩු මුදලකට කරන්න පුලුවන්ද?	karu**ṇā**kara aḍu mudalakaṭa karanna puluvanda?
Can I see another room?	මට වෙන කාමරයක් බලන්න පුලුවන්ද?	maṭa vena **kā**marayak balanna puluvanda?
Is there a deposit?	තැන්පතුවක් තිබේද?	tænpatuvak ti**bē**da?

Yes, I'll take it.	ඔව්, මම ඒක ගනීවි.	ov, mama **ē**ka gan**ī**vi.
No, I wont take it.	නෑ, මම ඒක ගන්නෙ නෑ.	næ, mama **ē**ka ganne **næ**.
What time is check in?	පරික්ෂා කර ඇතුල් කරන්නෙ කීයටද?	parik**ṣā** kara ætul karanne **kī**yaṭada?
What time is check out?	පිටවීම පරික්ෂා කරන්නෙ කුමන වෙලාවටද?	piṭa**vī**ma parik**ṣā** karanne kumana vel**ā**vaṭada?
Does it include breakfast?	එයට උදේ ආහාරය ඇතුලත්ද?	eyaṭa ud**ē** **ā**h**ā**raya ætulatda?
What time is breakfast?	උදේ ආහාරය කීයටද?	ud**ē** **ā**h**ā**raya k**ī**yaṭada?
I need to be woken up at 6AM	මට පෙ.ව. 6 ට අවදිවීමට අවශ්‍යයි	maṭa pe.va. 6 ṭa avadi**vī**maṭa avaśyayi
Is there a laundry?	මෙහි රෙදි සේදුම් ස්ථානයක් තිබේද?	mehi redi s**ē**dum **sthā**nayak tib**ē**da?
Is there a swimming pool?	මෙහි නාන තටාකයක් තිබේද?	mehi **nā**na ta**ṭā**kayak tib**ē**da?
Is there a safe?	මෙහි සේප්පුවක් තිබේද?	mehi **sē**ppuvak tib**ē**da?
Where can I change money?	මට මුදල් මාරුකරගන්න පුලුවන් කොහෙන්ද?	maṭa mudal **mā**rukaraganna puluvan kohenda?
Can I buy a tour?	මම සංචාරයක් මිලදී ගත හැකිද?	mama saṁ**cā**rayak mila**dī** gata hækida ?
What time is checkout?	නික්ම යාම කීයටද?	nikma **yā**ma **kī**yaṭada?
I need a taxi for 8AM, please.	කරුණාකර මට පෙ.ව. 8 ට කුලී රථයක් අවශ්‍යයි.	karu**ṇā**kara maṭa pe.va. 8 ṭa kul**ī** rathayak avaśyayi.
I'm leaving at ...	මම පිටත් වන්නෙ ...	mama piṭat vanne ...
I need to leave my bags here.	මට මගෙ ගමන් මලු මෙහි දමා යාමට අවශ්‍යයි.	maṭa mage gaman malu mehi da**mā** **yā**maṭa avaśyayi.
Thank you very much!	බොහොම ස්තූතියි!	bohoma st**ū**tiyi!

PROBLEMS:	ගැටලු:	gæṭalu:
The bill is incorrect	බිල වැරදියි	bila væradiyi
I need a new key	මට අලුත් යතුරක් අවශ්‍යයි	maṭa alut yaturak avaśyayi
I need a blanket	මට පොරවනයක් අවශ්‍යයි	maṭa poravanayak avaśyayi
I need a receipt	මට ලදුපතක් අවශ්‍යයි	maṭa ladupatak avaśyayi
The toilet is broken	වැසිකිළිය කැඩී ඇත	væsikiliya kæ**ḍī** æta
The TV is broken	රූපවාහිනිය කැඩී ඇත	rūpavāhiniya kæ**ḍī** æta
It's too hot	හරිම රස්නෙයි	harima rasneyi
It's too cold	හරිම සීතලයි	harima **sī**talayi
It's too noisy	හරිම ඝෝෂාකාරියි	harima **ghōṣākā**riyi
The room is dirty	කාමරය අපිරිසිදුයි	**kā**maraya apirisiduyi
VOCAB BANK	වොකැබ් බැංකුව	vokæb bæṁkuva
Hotel	හෝටලය	**hō**ṭalaya
Motel	ලැගුම්හල	lægumhala
Hostel	නේවාසිකාගාරය	**nēvā**si**kāgā**raya
Apartment	මහල් නිවාසය	mahal ni**vā**saya
Inexpensive	මිල අඩු	mila aḍu

f. Directions

Excuse me, where is ...	සමාවෙන්න, කොහෙද ...	sa**mā**venna, koheda ...
Could you show me where to go?	ඔබට පුලුවන්ද මට යන තැන පෙන්වන්න?	obaṭa puluvanda maṭa yana tæna penvanna?
Which street is it on?	කුමන පටුමගෙහිද එය තියෙන්නෙ?	kumana paṭumagehida eya tiyenne?
What is the address?	ලිපිනය කුමක්ද?	lipinaya kumakda?
Can I get there ...	මට එතනට යන්න පුලුවන්ද ...	maṭa etanaṭa yanna puluvanda ...
... by foot	... පයින්	... payin
... by train	... දුම්රියෙන්	... dumriyen
... by car	... මෝටර් රථයෙන්	... **mō**ṭar rathayen

... by bus	... බස් එකෙන්	... bas eken
To the right	දකුණට	dakuṇaṭa
To the left	වමට	vamaṭa
At the corner	මුල්ලෙ	mulle
Straight ahead	කෙලින්ම ඉදිරියට	kelinma idiriyaṭa
Next to	මීළඟට	**mī**ḷaňgaṭa
In front of	ඉදිරියෙන්	idiriyen
Behind	පසුපසින්	pasupasin
Is it far?	දුරයිද?	durayida?
Is it nearby?	ළඟයිද?	ḷaňgayida?
How do I get there?	මම කෙසේද එතනට යන්නෙ?	mama kes**ē**da etanaṭa yanne?
Do you know?	ඔබ දන්නවාද?	oba danna**vā**da?
I'm sorry, I only speak a little Sinhalese	මට සමාවෙන්න, මම සිංහල ටිකක් විතරයි කතා කරන්නෙ	maṭa sa**mā**venna, mama siṁhala ṭikak vitarayi kat**ā** karanne
VOCAB BANK	වොකැබ් බැංකුව	vokæb bæṁkuva
Street	වීදිය	**vī**diya
Building	ගොඩනැගිල්ල	goḍanægilla
Boulevard	මහාමාර්ගය	ma**hāmā**rgaya
City	නගරය	nagaraya
Square	චතුරශ්‍රය	caturaśraya
Neighborhood	අසල් වැසියෝ	asal væsi**yō**

g. Shopping

Where is the store?	ගබඩාව කොහෙද?	gaba**ḍā**va koheda?
Where is the supermarket?	සුපිරිවෙළෙඳසැල කොහෙද?	supiriveḷeňdasæla koheda?
Where is the mall?	වෙළඳ සංකීර්ණය කොහෙද?	veḷaňda saṁ**kī**rṇaya koheda?
Where is the grocery store?	සිල්ලර වෙළදසැල කොහෙද?	sillara veḷadasæla koheda?
Where is the bookstore?	පොත් සාප්පුව කොහෙද?	pot **sā**ppuva koheda?

I'm looking for this book.	මම බලන්නෙ මෙම පොත.	mama balanne mema pota.
I need a newspaper.	මට පුවත්පතක් අවශ්‍යයි.	maṭa puvatpatak avaśyayi.
Q: Can I help you?	ප්‍ර: මට ඔබට උදව් කරන්න පුලුවන්ද?	pra: maṭa obaṭa udav karanna puluvanda?
A: We don't have it.	පි: අපි ළඟ ඒක නැහැ.	pi: api ḷan̆ga **ē**ka næhæ.
I need your help	මට ඔබගෙ උදව් අවශ්‍යයි	maṭa obage udav avaśyayi
Where can I buy?	මට කොහෙන්ද මිලදී ගන්න පුලුවන්?	maṭa kohenda mila**dī** ganna puluvan?
I need to buy ...	මට මිලදී ගන්න අවශ්‍යයි ...	maṭa mila**dī** ganna avaśyayi ...
Could I try this on?	මට මෙය උත්සහ කරන්න පුලුවන්ද?	maṭa meya utsaha karanna puluvanda?
My size is ...	මගෙ ප්‍රමාණය ...	mage pra**mā**ṇaya ...
How much is this?	මෙය කීයක් වෙනවාද?	meya **kī**yak vena**vā**da?
Please write the price down on a piece of paper	කරුණාකර මිල පිළිවෙලට කොලයක ලියන්න	karu**ṇā**kara mila piḷivelaṭa kolayaka liyanna
I'm just looking	මම දැන් බලමින් ඉන්නෙ	mama dæn balamin inne
This is too expensive	මෙය හුඟක් මිල අධිකයි	meya hun̆gak mila adhikayi
Can we lower the price?	අපිට මිල අඩු කරන්න පුලුවන්ද?	apiṭa mila aḍu karanna puluvanda?
Do you take credit cards?	ඔබ ණයපත් ගන්නවාද?	oba ṇayapat ganna**vā**da?
I will take that.	මම ඒක ගන්නම්.	mama **ē**ka gannam.
I need receipt, please	කරුණාකර, මට ලදුපතක් අවශ්‍යයි	karu**ṇā**kara, maṭa ladupatak avaśyayi
It's broken	ඒක කැඩිලා	**ē**ka kæḍi**lā**
I need a refund	මට දුන් මුදල ආපසු අවශ්‍යයි	maṭa dun mudala **ā**pasu avaśyayi

I need to return this	මට මෙය ආපසු දීමට අවශ්‍යයි	maṭa meya āpasu dīmaṭa avaśyayi
I need a bag	මට බැගයක් අවශ්‍යයි	maṭa bǣgayak avaśyayi
I don't need a bag	මට බැගයක් අවශ්‍ය නෑ	maṭa bǣgayak avaśya nǣ
VOCAB BANK	වොකැබ් බැංකුව	vokæb bæṁkuva
Men's Restroom	පිරිමි විවේකාගාරය	pirimi vivēkāgāraya
Women's Restroom	කාන්තා විවේකාගාරය	kāntā vivēkāgāraya
Restroom	විවේකාගාරය	vivēkāgāraya
Do Not Enter	ඇතුලු වෙන්න එපා	ætulu venna epā
No Smoking	දුම්බීම තහනම්	dumbīma tahanam
Information	විස්තර	vistara
Open	විවෘතයි	vivṛtayi
Closed	වසා ඇත	vasā æta
No Cameras	කැමරා භාවිතය තහනම්	kæmarā bhāvitaya tahanam
No Cell Phone Use	ජංගම දුරකථන භාවිතය තහනම්	jaṁgama durakathana bhāvitaya tahanam

h. At the bank

Where is the bank?	බැංකුව කොහෙද?	bæṁkuva koheda?
What time does the bank open?	බැංකුව විවෘත කරන්නෙ කීයටද?	bæṁkuva vivṛta karanne kīyaṭada?
What time does the bank close?	බැංකුව වහන්නෙ කීයටද?	bæṁkuva vahanne kīyaṭada?
I don't remember my pin	මට මගෙ රහස්‍ය අංකය මතක නෑ	maṭa mage rahasya aṁkaya mataka nǣ
Here is my card.	මෙන්න මගෙ කාඩ් එක	menna mage kāḍ eka
I need to exchange money	මට මුදල් හුවමාරු කිරීමට අවශ්‍යයි	maṭa mudal huvamāru kirīmaṭa avaśyayi
I need to withdraw money	මට මුදල් ගැනීමට අවශ්‍යයි	maṭa mudal gænīmaṭa avaśyayi
What is the price?	මිල කීයද?	mila kīyada?
What is the exchange rate?	විනිමය අනුපාතය කීයද?	vinimaya anupātaya kīyada?

I need to find an ATM	මට ස්වයංක්‍රීය ටෙලර් යන්ත්‍රයක් හොයාගන්න අවශයයි	maṭa svayaṁ**krī**ya ṭelar yantrayak ho**yā**ganna avaśayayi
Smaller notes, please	කරුණාකර, කෙටි සටහනක් දෙන්න	karu**ṇā**kara, keṭi saṭahanak denna
Do you accept traveler's check?	ඔබ සංචාරක කුවිතාන්සි අනුමත කරනවාද?	oba saṁ**cā**raka kuvi**tā**nsi anumata karana**vā**da?
Do you accept credit cards?	ඔබ ණයපත් අනුමත කරනවාද?	oba ṇayapat anumata karana**vā**da?
Do I need to sign?	මම අත්සන් කිරීමට අවශ්‍යයද?	mama atsan ki**rī**maṭa avaśyada?
I need the receipt, please	කරුණාකර, මට ලදුපතක් අවශ්‍යයි	karu**ṇā**kara, maṭa ladupatak avaśyayi

i. Internet

Do you have free Internet?	ඔබට නොමිලේ අන්තර්ජාලය තිබෙනවාද?	obaṭa nomi**lē** antar**jā**laya tibena**vā**da?
Where is an Internet café?	අන්තර්ජාල කැෆේ එකක් කොහෙද තියෙන්නේ?	antar**jā**la kæ**fē** ekak koheda tiyen**nē** ?
How much does it cost to access the Internet?	අන්තර්ජාලය පාවිච්චි කිරීමේ ගාස්තු කොපමණද?	antar**jā**laya **pā**vicci ki**rīmē gā**stu kopamaṇada?
Is this a high speed connection?	මෙය වේගවත් සම්බන්ධතාවයක්ද?	meya v**ē**gavat sambandha**tā**vayakda ?
What is the password?	මුරපදය කුමක්ද?	murapadaya kumakda?
Which network do I connect to?	මම සම්බන්ධ වූයේ කුමන ජාලයටද?	mama sambandha **vūyē** kumana **jā**layaṭada?
Is it wireless Internet?	එය රැහැන් රහිත අන්තර්ජාලයක්ද?	eya ræhæn rahita antar**jā**layakda?
How much does it cost?	එහි මිල කීයද?	ehi mila **kī**yada?

How do I log on?	එයට ඇතුල් වන්නේ කෙසේද?	eyaṭa ætul vannē kesēda?
Connection is dead	සම්බන්ධය ඇනහිටලා	sambandhaya ænahiṭalā
The computer is not working	පරිගණකය වැඩ කරන්නෙ නැහැ	pariganakaya væḍa karanne næhæ
I'm done using the Internet.	මම වැඩ කලේ අන්තර්ජාලය භාවිතා කරලා.	mama væḍa kalē antarjālaya **bhāvitā** karalā.
I need to ...	මට අවශ්‍යයි ...	maṭa avaśyayi ...
... check my email	... මගෙ විද්‍යුත් තැපැල පරික්ෂා කිරීමට	... mage vidyut tæpæla parikṣā kirīmaṭa
... use Skype	... ස්කයිප් භාවිතා කිරීමට	... skayip **bhāvitā** kirīmaṭa
... print out documents	... ලිපි ද්‍රව්‍ය මුද්‍රණය කිරීමට	... lipi dravya mudrṇaya kirīmaṭa
... scan documents	... ලිපි ද්‍රව්‍ය ස්කෑන් කිරීමට	... lipi dravya skæn kirīmaṭa

j. Cell Phone

I'd like to buy a cell phone.	මම ජංගම දුරකථනයක් මිලට ගැනීමට කැමතියි.	mama jaṁgama durakathanayak milaṭa gænīmaṭa kæmatiyi.
I need a cell phone charger	මට ජංගම දුරකථන ආරෝපකයක් අවශ්‍යයි	maṭa jaṁgama durakathana ārōpakayak avaśyayi
My number is ...	මගෙ අංකය ...	mage aṁkaya ...
What is your phone number?	ඔබගෙ දුරකථන අංකය කුමක්ද?	obage durakathana aṁkaya kumakda?
I need to speak to ...	මට අවශ්‍යයි කතා කිරීමට ...	maṭa avaśyayi katā kirīmaṭa ...
What is the code for ...	කුමක්ද කේතය ...	kumakda kētaya ...

k. **Post office**

Where is the post office?	තැපැල් කන්තෝරුව කොහෙද?	tæpæl kant**ō**ruva koheda?
I need to send ...	මට අවශ්‍යයි යැවීමට ...	maṭa avaśyayi yæv**ī**maṭa ...
... A domestic package	... ගෘහස්ථ පැකේජයක්	... gṛhastha pæk**ē**jayak
... an international package	... ජාත්‍යන්තර පැකේජයක්	... **jā**tyantara pæ**kē**jayak
... a postcard	... තැපැල්පතක්	... tæpælpatak
... a parcel	... පාර්සලයක්	... p**ā**rsalayak
Postal code	තැපැල් කේතය	tæpæl **kē**taya
Declaration	ප්‍රකාශනය	pra**kā**śanaya
Stamp	මුද්දර	muddara

l. **Business**

I'm here on business	මම මෙහි ව්‍යාපාරයක ඉන්නෙ	mama mehi **vyāpā**rayaka inne
I'm from ...	මම ආවේ ...	mama **āvē** ...
... America	... ඇමරිකාවෙන්	... æmari**kā**ven
... England	... එංගලන්තයෙන්	... eṁgalantayen
Could I have your business card?	මට ඔබේ ව්‍යාපාර කාඩ්පත දෙන්න පුලුවන්ද?	maṭa o**bē** **vyāpā**ra **kā**ḍpata denna puluvanda ?
Here is my business card	මෙන්න මගෙ ව්‍යාපාර කාඩ්පත	menna mage **vyāpā**ra **kā**ḍpata
Where is the conference?	සමුලුව කොහෙද?	samuluva koheda ?
Where is the company office?	සමාගම් කාර්යාලය කොහෙද?	sa**mā**gam **kārayā**laya koheda ?
Where is the business building?	ව්‍යාපාර ගොඩනැගිල්ල කොහෙද?	**vyāpā**ra goḍanægilla koheda ?
I'm here for a business meeting	මම මෙහි ඉන්නෙ ව්‍යාපාර රැස්වීමක් සඳහා	mama mehi inne **vyāpā**ra ræsv**ī**mak sa̋nda**hā**

I'm here for a conference.	මම මෙහි ඉන්නෙ සමුලුවක් සඳහා	mama mehi inne samuluvak sa̋nda**hā**
I'm here for a trade show	මම මෙහි ඉන්නෙ ව්‍යාපාර දැක්මක් සඳහා	ma**mā** mehi inne **vyāpā**ra dækmak sa̋nda**hā**
Could you translate please?	කරුණාකර, ඔබට පරිවර්තනය කරන්න පුලුවන්ද?	karu**ṇā**kara , obaṭa parivartanaya karanna puluvanda ?
I need an interpreter.	මට පරිවර්තකයෙක් අවශ්‍යයි.	mātā parivartakayek avaśyayi .
Pleasure doing business with you.	ඔබ සමග ව්‍යාපාර කිරීම සතුටක්	oba samaga **vyāpā**ra ki**rī**ma satuṭak
That was a great meeting!	ඒක වැදගත් රැස්වීමක් වුණා!	**ē**ka vædagat ræs**vī**mak vu**ṇā** !
That was a great conference!	ඒක වැදගත් සමුලුවක් වුණා!	**ē**ka vædagat samuluvak vu**ṇā** !
That was a great trade show!	ඒක වැදගත් ව්‍යාපාර දැක්මක් වුණා!	**ē**ka vædagat **vyāpā**ra dækmak vu**ṇā** !
Thank you.	ඔබට ස්තූතියි.	obaṭa stūtiyi .
Should we go out for lunch?	අපි දිවා ආහාරය සඳහා පිටතට යා යුතුද?	api di**vā** **āhā**raya sa̋nda**hā** piṭataṭa **yā** yutuda ?
Should we go out for dinner?	අපි රාත්‍රී ආහාරය සඳහා පිටතට යා යුතුද?	api **rātrī** **āhā**raya sa̋nda**hā** piṭataṭa **yā** yutuda ?
Should we go out for a drink?	අපි බීමක් සඳහා පිටතට යා යුතුද?	api **bī**mak sa̋nda**hā** piṭataṭa **yā** yutuda ?
Here is my email	මෙන්න මගෙ විද්‍යුත් තැපැල් ලිපිනය	menna mage vidyut tæpæl lipinaya
Here is my phone number	මෙන්න මගෙ දුරකතන අංකය	menna mage durakatana aṁkaya

m. Museums/Tours

MUSEUMS	කෞතුකාගාරය	kautu**kāgā**raya
Where is the museum?	කෞතුකාගාරය කොහෙද?	kautu**kāgā**raya koheda?

What time does the museum open?	කීයටද කෞතුකාගාරය විවෘත කරන්නෙ?	**kī**yaṭada kautu**kāgā**raya vivṛta karanne?
I'd like to hire a guide.	මම කැමතියි මඟපෙන්වන්නෙක් කුලියට ගන්න.	mama kæmatiyi mañgapenvannek kuliyaṭa ganna.
How much does a ticket cost?	ප්‍රවේශ පත්‍රයක මිල කීයද?	pra**vē**śa patrayaka mila **kī**yada?
I need ...	මට අවශ්‍යයි ...	maṭa avaśyayi ...
... one ticket	... ප්‍රවේශ පත්‍රයක්	... pra**vē**śa patrayak
... two tickets	... ප්‍රවේශ පත්‍ර දෙකක්	... pra**vē**śa patra dekak
... three tickets	... ප්‍රවේශ පත්‍ර තුනක්	... pra**vē**śa patra tunak
... four tickets	... ප්‍රවේශ පත්‍ර හතරක්	... pra**vē**śa patra hatarak
TOURS	චාරිකා	**cā**ri**kā**
I'd like to ...	මම කැමතියි ...	mama kæmatiyi ...
... take the day tour	... දවසක චාරිකාවක් ගැනීමට	... davasaka **cā**ri**kā**vak gæ**nī**maṭa
... take the morning tour	... උදැසන චාරිකාවක් ගැනීමට	... ud**ǣ**sana **cā**ri**kā**vak gæ**nī**maṭa
... take the evening tour	... සවස් චාරිකාවක් ගැනීමට	... savas **cā**ri**kā**vak gæ**nī**maṭa
How long is the tour?	සංචාරය සඳහා කොපමණ කාලයක් ගතවේද?	saṁ**cā**raya sañda**hā** kopamaṇa **kā**layak gata**vē**da?
How much does it cost?	එහි මිල කීයද?	ehi mila **kī**yada?
Is food included?	කෑම අන්තර්ගතද?	**kǣ**ma antargatada ?
Is there water available?	එහි ජලය තියෙනවාද?	ehi jalaya tiyena**vā**da ?
What time will we return?	අපි කීයටද ආපසු එන්නෙ?	api **kī**yaṭada **ā**pasu enne ?

n. Special Need Travelers (Seniors, Children, Disabilities)

DISABILITIES/ SENIORS	ආබාධ / ජ්යේSෂ්ය	**ābā**dha / **jyē**ṣṭha
I need help, please.	කරුණාකර, මට උදව් අවශ්‍යයි.	karu**ṇā**kara , maṭa udav avaśyayi .
Is there an elevator?	උත්තෝලකයක් තියෙනවාද?	utt**ō**lakayak tiyenav**ā**da ?
How many steps are there?	පියවර කීයක් තිබෙනවාද?	piyavara **kī**yak tibena**vā**da ?
Could you help me across the street please?	වීදිය හරහා යාමට මට උදව් කරන්න පුලුවන්ද?	**vī**diya hara**hā** **yā**maṭa maṭa udav karanna puluvanda ?
I have a disability.	මට ආබාධයක් තියෙනවා.	maṭa **ābā**dhayak tiyena**vā** .
I need to sit down, please.	කරුණාකර, මට වාඩිවෙන්න අවශ්‍යයි.	karu**ṇā**kara , maṭa **vā**ḍivenna avaśyayi .
Is there wheelchair access?	මෙහි රෝද පුටුවක් පාවිච්චි කරන්න තියෙනවාද?	mehi **rō**da puṭuvak **pā**vicci karanna tiyena**vā**da ?
Are there restrooms for people with disabilities?	ආබාධිත පුද්ගලයන් සඳහා විවේකාගාර මෙහි තිබෙනවාද?	**ābā**dhita pudgalayan sa̐nda**hā** viv**ē**k**ā**g**ā**ra mehi tibena**vā**da ?
Are guide dogs allowed?	මඟපෙන්වන බල්ලන් සඳහා අවසර තිබෙනවාද?	ma̐ngapenvana ballan sa̐nda**hā** avasara tibena**vā**da ?
VOCAB BANK	වොකැබ් බැංකුව	vokæb bæṁkuva
Ramp	බෑවුම	**bǣ**vuma
Wheelchair	රෝද පුටුව	**rō**da puṭuva
CHILDREN	ළමයි	ḷamayi
I have children.	මට ළමයි ඉන්නවා.	maṭa ḷamayi inna**vā** .
Are children allowed?	ළමුන් සඳහා අවසරද?	ḷamun sa̐nda**hā** avasarada ?

Is there a children's menu?	ළමුන් සඳහා ආහාර ලේඛනයක් තිබෙනවාද?	ḷamun sa̐nda**hā āhāra** **lē**khanayak tibena**vā**da ?
Is there a baby changing room?	කුඩා ළමුන්ගෙ ඇඳුම් මාරුකරන කාමරයක් තිබෙනවාද?	ku**ḍā** ḷamunge æ̆ndum **mā**rukarana **kā**marayak tibena**vā**da ?
Is there a baby seat?	ළදරු ආසන තිබෙනවාද?	ḷadaru **ā**sana tibena**vā**da ?
I need a ...	මට අවශ්‍යයි ...	maṭa avaśyayi ...
... stroller	... සක්මන් කරන්නා	
... highchair	... උස පුටුවක්	... usa puṭuvak
I need ...	මට අවශ්‍යයි ...	maṭa avaśyayi ...
... diapers	... ළදරු නැප්කින්	... ḷadaru næpkin
... baby wipes	... දරුවන්ගේ පිසදමන	daruvan**gē** pisadamana

2. MEETING PEOPLE

a. Getting Acquainted

Hi, my name is ...	හායි, මගෙ නම ...	**hā**yi , mage nama ...
Hello	හෙලෝ	hel**ō**
Good morning	සුභ උදෑසනක්	subha u**dæ**sanak
Good afternoon	සුභ දහවලක්	subha dahavalak
Good evening	සුභ සන්ධ්‍යාවක්	subha sandh**yā**vak
How are you?	ඔබට කොහොමද?	obaṭa kohomada ?
I'm good and you?	මම හොඳින්, ඔබ?	mama ho̐ndin , oba ?
My name is ...	මගෙ නම ...	mage nama ...
What is your name?	ඔබගෙ නම කුමක්ද?	obage nama kumakda ?
Nice to meet you	ඔබ හමුවීම සතුටක්	oba hamu**vī**ma satuṭak
I'm from ...	මම පැමිණියෙ ...	mama pæmiṇiye ...
I'm an American	මම ඇමරිකානුවෙක්	mama æmari**kā**nuvek
I am British	මම බ්‍රිතාන්‍ය ජාතිකයෙක්	mama brit**ā**nya **jā**tikayek
Mr.	මහතා.	maha**tā.**
Mrs.	මහත්මිය.	mahatmiya.
Ms.	මෙනෙවිය.	meneviya.

Do you speak English?	ඔබ ඉංග්‍රීසි කතා කරනවාද?	oba iṁ**grī**si ka**tā** karana**vā**da ?
I understand	මට තේරෙනවා	maṭa **tē**rena**vā**
I'm sorry, I don't understand	මට සමාවෙන්න, මට තේරෙන්නෙ නැහැ	maṭa sa**mā**venna , maṭa **tē**renne næhæ
I'm here on business	මම මෙහෙ ඉන්නෙ ව්‍යාපාරයක් සඳහා	mama mehe inne **vyāpā**rayak saňda**hā**
I'm here to study	මම මෙහෙ ඉන්නෙ ඉගෙනගන්න	mama mehe inne igenaganna
I'm here for a conference	මම මෙහෙ ඉන්නෙ සමුලුවක් සඳහා	mama mehe inne samuluvak saňda**hā**
I'm here for tourism	මම මෙහෙ සංචාරය කරනවා	mama mehe saṁ**cā**raya karana**vā**
I'm from America	මම ඇමරිකාවෙන්	mama æmari**kā**ven
I'm from England	මම එංගලන්තයෙන්	mama eṁgalantayen
I'm from Australia	මම ඕස්ට්‍රේaලියාවෙන්	mama **ōsṭrē**li**yā**ven
Where are you from?	ඔබ පැමිණියෙ කොහෙ සිටද?	oba pæmiṇiye kohe siṭada ?
What do you do?	ඔබ මොකද කරන්නෙ?	oba mokada karanne ?
I'm a businessman	මම ව්‍යාපාරිකයෙක්	mama **vyāpā**rikayek
I'm a student	මම ශිෂ්‍යයෙක්	mama śiṣyayek
I'm an engineer	මම ඉංජිනේරුවෙක්	mama iṁji**nē**ruvek
I'm a lawyer	මම නීතිඥයෙක්	mama **nī**tignayek
I'm a doctor	මම වෛද්‍යවරයෙක්	mama vaidyavarayek
Are you married?	ඔබ විවාහකද?	oba vi**vā**hakada ?
I'm married	මම විවාහකයි	mama vi**vā**hakayi
This is my wife	මේ මගෙ බිරිඳ	**mē** mage biriňda
This is my husband.	මේ මගෙ ස්වාමියා.	**mē** mage **svā**mi**yā** .
I have one child	මට එක දරුවෙක් ඉන්නවා	maṭa eka daruvek inna**vā**
I have two children	මට දරුවන් දෙන්නෙක් ඉන්නවා	maṭa daruvan dennek inna**vā**
I have three children	මට දරුවන් තුන් දෙනෙක් ඉන්නවා	maṭa daruvan tun denek inna**vā**
I have four children	මට දරුවන් හතර දෙනෙක් ඉන්නවා	maṭa daruvan hatara denek inna**vā**
I have five children	මට දරුවන් පස් දෙනෙක් ඉන්නවා	maṭa daruvan pas denek inna**vā**

How old is your son?	ඔබේ පුතාට වයස කීයද?	ob**ē** put**ā**ṭa vayasa k**ī**yada ?
How old is your daughter?	ඔබේ දුවට වයස කීයද?	ob**ē** duvaṭa vayasa k**ī**yada ?
How many children do you have?	ඔබට දරුවන් කී දෙනෙක් ඉන්නවාද?	obaṭa daruvan **kī** denek inna**vā**da ?
Thank you	ඔබට ස්තූතියි	obaṭa **stū**tiyi
Here is my email	මෙන්න මගෙ විද්‍යුත් තැපැල් ලිපිනය	menna mage vidyut tæpæl lipinaya
Do you use Facebook?	ඔබ Facebook භාවිතා කරනවාද?	oba **fē**sbuk **bhāvitā** karana**vā**da ?
Excuse me	මට සමාවෙන්න	maṭa sam**ā**venna
Goodbye	ආයුබෝවන්	**ā**yub**ō**van
Have a good night	සුභ රාත්‍රියක් වේවා	subha **rā**triyak **vēvā**

b. Opinions/States of Being

GENERAL	සාමාන්‍යඉ	**sāmā**nya
I am hot	මට රස්නෙයි	maṭa rasneyi
I am cold	මට සීතලයි	maṭa sītalayi
I am tired	මට මහන්සියි	maṭa mahansiyi
I am sleepy	මට නිදිමතයි	maṭa nidimatayi
I am hungry	මට බඩගිනියි	maṭa baḍaginiyi
I am thirsty	මට තිබහයි	maṭa tibahayi
I need to use the restroom	මට විවේකාගාරය පාවිච්චි කිරීමට අවශ්‍යයි	maṭa vi**vēkāgā**raya **pā**vicci kir**ī**maṭa avaśyayi
I need to smoke.	මට දුම්බීමට අවශ්‍යයි.	maṭa dumb**ī**maṭa avaśyayi .
Did you enjoy that?	ඔබ එයින් සතුටු වුණාද?	oba eyin satuṭu vuṇ**ā**da ?
I thought it was ...	මම හිතුවා ඒක ...	mama hitu**vā ē**ka ...
... amazing	... විස්මයජනකයි කියලා	... vismayajanakayi kiyal**ā**
... beautiful.	... ලස්සනයි කියලා.	... lassanayi kiyal**ā** .
... okay	... හරි කියලා	... hari kiyal**ā**
... interesting	... සිත්ගන්නා සුලුයි කියලා	... sitgann**ā** suluyi kiyal**ā**

... unusual	... අසාමාන්‍යයි කියලා	... as**ā**m**ā**nyayi kiyal**ā**
... dull	... උදාසීනයි කියලා	... ud**ā**s**ī**nayi kiyal**ā**
... overly expensive	... මිල අධිකයි කියලා	... mila adhikayi kiyal**ā**

c. Inviting People Out (Music/Nightclubs/ Performing Arts)

Would you like to go out tonight?	රාත්‍රියට එළියට යාමට ඔබ කැමතිද?	**rā**triyaṭa eḷiyaṭa **yā**maṭa oba kæmatida ?
What kind of things could we do at night?	අපි මොනවගේ දේවල්ද රාත්‍රියට කරන්නෙ?	api monava**gē** **dē**valda **rā**triyaṭa karanne ?
Are you free ...	ඔබ නිදහස්ද ...	oba nidahasda ...
... tonight?	... අද රෑට?	... ada **ræ**ṭa ?
... tomorrow?	... හෙට?	... heṭa ?
... this weekend?	... මේ සති අන්තයේ?	... **mē** sati anta**yē** ?
When are you free?	ඔබ නිදහස් කවදාද?	oba nidahas kava**dā**da ?
Would you like to come with me?	ඔබ මා සමඟ එන්න කැමතිද?	oba **mā** samaňga enna kæmatida ?
Yes of course.	ඔව් සැබවින්ම.	ov sæbavinma .
I'm sorry, I can't.	මට සමාවෙන්න, මට බැහැ.	maṭa sa**mā**venna , maṭa bæhæ .
Would you like to go ...	ඔබ කැමතිද යන්න ...	oba kæmatida yanna ...
... to a bar?	... බීම හලට?	... **bī**ma halaṭa ?
... to a café?	... ආපන ශාලාවට?	... **ā**pana **śālā**vaṭa ?
... to a lounge?	... විවේකාගාරයට?	... vi**vēkāgā**rayaṭa ?
... to a concert?	... ප්‍රසංගයට?	... prasaṁgayaṭa ?
... to a restaurant?	... අවන්හලට?	... avanhalaṭa ?
... to the movies?	... චිත්‍රපටියට?	... citrapaṭiyaṭa ?
... to a party?	... උත්සවයට?	... utsavayaṭa ?
What time should we meet?	කොයි වෙලාවටද අපි හමුවන්නෙ?	koyi vel**ā**vaṭada api hamuvanne ?

Where should we meet?	කොහෙදිද අපි හමුවන්නෙ?	kohedida api hamuvanne ?
Will you pick me up?	ඔබ මාව ගන්න එනවාද?	oba **mā**va ganna ena**vā**da ?
I will pick you up.	මං ඔයාව ගන්න එනවා.	maṁ o**yā**va ganna ena**vā** .
What kind of music do you like?	ඔබ කැමති කුමන සංගීත වර්ගයටද?	oba kæmati kumana saṁ**gī**ta vargayaṭada ?
I like ...	මම කැමතියි ...	mama kæmatiyi ...
... pop.	... පොප් වලට.	... pop valaṭa .
... rock.	... රොක් වලට.	... rok valaṭa .
... hip hop.	... හිපොප් වලට.	... hipop valaṭa .
... country.	... රටට.	... raṭaṭa .
... R&B.	ආර් සහ බී	... **ā**r saha **bī**
Who is your favorite singer?	ඔබ කැමතිම ගායකයා කවුද?	oba kæmatima **gā**yaka**yā** kavuda ?
My favorite singer is ...	මම කැමතිම ගායකයා ...	mama kæmatima **gā**yaka**yā** ...
Do you like ...	ඔබ කැමතිද ...	oba kæmatida ...
... to dance?	... නටන්න?	... naṭanna?
... to go to concerts?	... ප්‍රසංගයට යන්න?	... prasaṁgayaṭa yanna?
... to go to the theater?	... රංග ශාලාවට යන්න?	... raṁga **śālā**vaṭa yanna?
... to go to the opera?	... ගීත නාටකයට යන්න?	... **gī**ta **nā**ṭakayaṭa yanna?
... to go to the symphony?	... සංධ්වනියට යන්න?	... saṁdhvaniyaṭa yanna?
I do like ...	මම කැමතියි ...	mama kæmatiyi ...
I don't like ...	මම කැමති නෑ ...	mama kæmati **næ** ...
I want to ...	මට අවශ්‍යයි ...	maṭa avaśyayi ...
... go to a concert.	... ප්‍රසංගයට යන්න.	... prasaṁgayaṭa yanna.
... go to the theater.	... රංග ශාලාවට යන්න.	... raṁga **śālā**vaṭa yanna.
... go to the symphony.	... සංද්වනියට යන්න.	... saṁdvaniyaṭa yanna.

... go to the opera.	... ගීත නාටකයට යන්න.	... **gī**ta **nā**ṭakayaṭa yanna.
Do you want to ...	ඔබට අවශ්‍යද ...	obaṭa avaśyada ...
... go to a concert?	... ප්‍රසංගයට යන්න?	... prasaṁgayaṭa yanna?
... go to the theater?	... රංග ශාලාවට යන්න?	... raṁga **śālā**vaṭa yanna?
... go to the symphony?	... සංද්වනියට යන්න?	... saṁdvaniyaṭa yanna?
... go to the opera?	... ගීත නාටකයට යන්න?	... **gī**ta **nā**ṭakayaṭa yanna?
Could we buy tickets?	අපට ප්‍රවේශ පත්‍ර මිලදී ගන්න පුලුවන්ද?	apaṭa pravēśa patra mila**dī** ganna puluvanda?
How much are the tickets?	ප්‍රවේශ පත්‍ර වලට කීයද?	pra**vē**śa patra valaṭa **kī**yada?
I want the cheapest tickets please.	කරුණාකර, මට ලාභම ප්‍රවේශ පත්‍රය අවශ්‍යයි.	karuṇ**ā**kara, maṭa **lā**bhama pra**vē**śa patraya avaśyayi.
I want the best tickets please.	කරුණාකර, මට හොඳම ප්‍රවේශ පත්‍ර අවශ්‍යයි.	karuṇ**ā**kara, maṭa hoňdama pra**vē**śa patra avaśyayi.
Where is the concert?	ප්‍රසංගය කොහෙද?	prasaṁgaya koheda?
I need to buy ...	මට මිලදී ගන්න අවශ්‍යයි ...	maṭa mila**dī** ganna avaśyayi ...
... one ticket, please.	... කරුණාකර, ප්‍රවේශ පත්‍රයක්.	... karuṇ**ā**kara, pra**vē**śa patrayak.
... two tickets, please.	... කරුණාකර, ප්‍රවේශ පත්‍ර දෙකක්.	... karuṇ**ā**kara, pra**vē**śa patra dekak.
That was great.	ඒක අනගි දෙයක් වුණා.	**ē**ka anagi deyak vuṇ**ā**.
That was long.	ඒක දීර්ඝ වුණා	**ē**ka **dī**rgha vuṇ**ā**
That was amazing.	ඒක විස්මයජනක වුණා.	**ē**ka vismayajanaka vuṇ**ā**.
That was okay.	ඒකට කමක් නෑ.	**ē**kaṭa kamak **næ** .
What kind of movies do you like?	ඔබ කැමති කුමන වර්ගයෙ චිත්‍රපට වලටද?	oba kæmati kumana vargaye citrapaṭa valaṭada?

I like ...	මම කැමති ...	mama kæmati ...
... action.	... සටන්කාමී චිත්‍රපට වලට.	... saṭan**kāmī** citrapaṭa valaṭa.
... animated films.	... සජීවිකරණ චිත්‍රGපට	... saj**ī**vikaraṇa citrapaṭa
... drama.	... නාට්‍ය වලට.	... n**ā**ṭya valaṭa.
... documentaries.	... වාර්තා චිත්‍රපට	... **vārtā** citrapaṭa
... comedy.	... හාස්‍ය වලට.	... h**ā**sya valaṭa.
... thrillers.	... මාලා	**... mālā**
... science fiction.	... විද්‍යාc ප්‍රaබන්ධය.	... vidy**ā** prabandhaya .
... horror.	... හොල්මන් චිත්‍රපට වලට.	... holman citrapaṭa valaṭa.
... romantic comedy.	... ශෘංගාර හාස්‍යය චිත්‍රපට වලට.	... śṛṁ**gā**ra **hā**syaya citrapaṭa valaṭa.
Could we go to the movies tonight?	අපිට චිත්‍රපටියක් බලන්න යන්න පුලුවන්ද අද රෑට?	apiṭa citrapaṭiyak balanna yanna puluvanda ada r**æ**ṭa?
When can we go to the movies?	අපිට චිත්‍රපටිය බලන්න යන්න පුලුවන් කීයටද?	apiṭa citrapaṭiya balanna yanna puluvan **k**īyaṭada?
What movies are playing?	කුමන චිත්‍රපටියද දර්ශනය වෙන්නෙ?	kumana citrapaṭiyada darśanaya venne?
How much are the tickets?	ප්‍රවේශ පත්‍රයක මිල කීයද?	pra**vē**śa patrayaka mila **k**īyada?
Is the theater far from here?	මෙහි සිට රංගන ශාලාවට දුරයිද?	mehi siṭa raṁgana **śālā**vaṭa durayida?

d. Hiking

Do you like to hike?	කඳු නගින්න ඔබ කැමතිද?	kan̆du naginna oba kæmatida?
I love to hike.	මම කඳු නගින්න ආසයි.	mama kan̆du naginna **ā**sayi.
What is the weather going to be like?	කාලගුණය කුමක් වීමටද යන්නේ?	**kā**laguṇaya kumak **vī**maṭada yann**ē** ?
It will be ...	ඒක ...	**ē**ka ...
... cold.	... සීතලයි.	... **sī**talayi.
... cloudy.	... වළාකුලු සහිතයි.	... va**ḷā**kulu sahitayi.
... snowing.	... හිම සහිතයි.	... hima sahitayi.

... sunny.	... අව්වයි.	... avvayi.
... warm.	... උණුසුම්.	... uṇusum.
... hot.	... රස්නෙයි.	... rasneyi.
When can we go?	කවද්ද අපිට යන්න පුලුවන්?	kavadda apiṭa yanna puluvan?
Is it safe?	ඒක ආරක්ෂිතද?	ēka ārakṣitada?
Do we need to buy water?	අපි වතුර මිලදී ගන්න අවශ්‍යද?	api vatura miladī ganna avaśyada?
Is the water safe to drink?	ජලය පානය කිරීමට සුදුසුද?	jalaya pānaya kirīmaṭa sudusuda?
Do we need to buy food?	අපි කෑම මිලදී ගන්න අවශ්‍යද?	api kæma miladī ganna avaśyada?
Will we need a guide?	අපිට මඟ පෙන්වන්නෙක් අවශ්‍යයද?	apiṭa mam̆ga penvannek avaśyayada?
Is it scenic there?	එය දර්ශනීයයිද?	eya darśanīyayida?
How long is the hike?	පා ගමන කෙතරම් දුරද?	pā gamana ketaram durada?
How long is the drive?	කෙතරම් දුරක් ධාවනය කරන්න තිබෙනවාද?	ketaram durak dhāvanaya karanna tibenavāda?
How long is the climb?	කෙතරම් දුරක් නගින්න තියෙනවාද?	ketaram durak naginna tiyenavāda?
I'm looking for ...	මම බලන්නෙ ...	mama balanne ...
... the campsite	... කඳවුරු බිම	... kam̆davuru bima
... the toilet	... වැසිකිලිය	... væsikiliya
What time does the sun go down?	හිරු බහින්නෙ කුමන වෙලාවටද?	hiru bahinne kumana velāvaṭada?

e. Sports

What sport do you love?	ඔබ කැමතිම ක්‍රීඩාව කුමක්ද?	oba kæmatima krīḍāva kumakda ?
I love ...	මම කැමති ...	mamā kæmati ...
... football	... පාපන්දු වලට	... Pāpandu valaṭa
... hockey	... හොකී වලට	... Hokī valaṭa
... basketball	... පැසිපන්දු වලට	... Pæsipandu valaṭa
... baseball	... බේස්බෝල් වලට	... Bēsbōl valaṭa
... soccer	... සොකර් වලට	... Sokar valaṭa

... boxing	... බොක්සිං වලට	... Boksiṁ valaṭa
Do you play ...	ඔබ සෙල්ලම් කරනවාද ...	oba sellam karanavāda ...
... football?	... පාපන්දු?	**... Pā**pandu ?
... hockey?	... හොකී?	... Hokī ?
... basketball?	... පැසිපන්දු?	... Pæsipandu ?
... baseball?	... බේස්බෝල්?	... **Bē**sb**ō**l ?
... soccer?	... සොකර්?	... Sokar ?
... volleyball?	... දැල්පන්දු?	... Dælpandu ?
Yes, I do.	ඔව්, මම කරනවා.	ov mama karana**vā** .
A little bit.	ටිකක්.	ṭikak .
No, not much.	නෑ, හුගක් නෑ.	**næ̅** , hugak **næ̅** .
Do you ...	ඔබ ...	**ā**di śiṣya saṁgama**yē** ...
... go running?	... දුවන්න යනවාද?	... Duvanna yana**vā**da ?
... go to the gym?	... ව්‍යායාම ශාලාවට යනවාද?	... **Vyāyā**ma **śālā**vaṭa yana**vā**da ?
Could we play?	අපිට සෙල්ලම් කරන්න පුලුවන්ද?	apiṭa sellam karanna puluvanda ?
I'd like to play.	මම කැමතියි සෙල්ලම් කරන්න.	am**mā** kæmatiyi sellam karanna .
I'm sorry, I can't play.	මට සමාවෙන්න, මට සෙල්ලම් කරන්න බෑ.	**mātā** sa**mā**venna , **mātā** sellam karanna **bæ̅** .
I'm tired.	මට මහන්සියි.	**mātā** mahansiyi .
I think I need a break.	මම හිතනවා මට විවේකයක් අවශ්‍යයි කියලා.	am**mā** hitana**vā** **mātā** vi**vē**kayak avaśyayi kiya**lā** .
Can we go to a game?	අපිට ක්‍රීඩාවකට යන්න පුලුවන්ද?	apiṭa **krīḍā**vakaṭa yanna puluvanda ?
Where is it located?	ඒක තියෙන්නෙ කොහෙද?	**ē**ka tiyenne koheda ?
Who's playing?	කවුද සෙල්ලම් කරන්නෙ?	kavuda sellam karanne ?
How much are the tickets?	ප්‍රවේශ පත්‍රවලට මිල කීයද?	pra**vē**śa patravalaṭa mila **kī**yada ?
I need ...	මට අවශ්‍යයි ...	**mātā** avaśyayi ...

... one ticket, please.	... කරුණාකර, ප්‍රවේශ පත්‍රයක්.	... Karuṇākara , pravēśa patrayak .
... two tickets, please.	... කරුණාකර, ප්‍රවේශ පත්‍ර දෙකක්.	... Karuṇākara , pravēśa patra dekak .
That was great!	ඒක නියමයි!	ēka niyamayi !
He's an awesome player!	ඔහු නියම ක්‍රීඩකයෙක්!	ohu niyama krīḍakayek !
That was long!	ඒක දීර්ඝයි!	ēka dīrghayi !

f. Sex & Romance

CONVERSATION STARTERS	සංවාදය ආරම්භකයන්	saṁvādaya āramm̆bakayan
Hey, you look like you're having the most fun out of anybody here.	හෙයි, බැලු බැල්මට අනිත් කාටවත් වඩා හුගක් සතුටින් වගේ	heyi , bælu bælmaṭa anit kāṭavat vaḍā hugak satuṭin vagē
Hi, are you from around here?	හායි, ඔයා මේ අවට කෙනෙක්ද?	hāyi , oyā mē avaṭa kenekda ?
Can I buy you a drink?	මට ඔයාට බීමක් අරන් දෙන්න පුලුවන්ද?	maṭa oyāṭa bīmak aran denna puluvanda ?
Want to dance?	නටන්න අවශ්‍යද?	naṭanna avaśyada ?
I'm having a great time with you.	මම ඔයත් එක්ක නියම කාලයක් ගත කරනවා.	mama oyat ekka niyama kālayak gata karanavā .
You're awesome.	ඔයා නියමයි.	oyā niyamayi .
I'm having the time of my life.	මම මගෙ ජීවිතයෙ කාලය ගනිමින් ඉන්නවා.	mama mage jīvitaye kālaya ganimin innavā .
Want to go some place quiet?	නිස්කලංක ස්ථානයකට යන්න උවමනාද?	niskalaṁka sthānayakaṭa yanna uvamanāda ?
Want to go outside with me?	මා සමග එළියට යන්න අවශ්‍යයද?	mā samaga eḷiyaṭa yanna avaśyayada ?
You're beautiful.	ඔයා ලස්සනයි.	oyā lassanayi .
Let's go inside.	ඇතුලට යමු.	ætulaṭa yamu.
SEX	ලිංග	liṁga
Kiss me.	මාව සිපගන්න.	māva sipaganna.

Touch me here.	මගෙ මෙතනින් අල්ලන්න.	mage metanin allanna.
Take this off.	මේක ඉවත් කරන්න.	**mē**ka ivat karanna.
Does that feel good?	ඒක හොඳයි වගෙ දැනෙනවාද?	**ē**ka hoňdayi vage dænena**vā**da?
You like that.	ඔයා කැමතියි ඒකට.	oy**ā** kæmatiyi **ē**kaṭa.
Let's use a condom.	උපත් පාලක කොපුවක් පාවිච්චි කරමු.	upat **pā**laka kopuvak **pā**vicci karamu.
I can only do it with a condom.	මට ඒක කරන්න පුලුවන් උපත් පාලක කොපුවක් එක්ක විතරයි.	maṭa **ē**ka karanna puluvan upat **pā**laka kopuvak ekka vitarayi.
Stop!	නවත්වන්න!	navatvanna!
Don't do that.	ඒක කරන්න එපා.	**ē**ka karanna ep**ā**.
I like when you do that.	මම කැමතියි ඔයා ඒක කරද්දි.	mama kæmatiyi oy**ā** **ē**ka karaddi.
Keep going.	දිගටම කරන්න.	digaṭama karanna.
That feels so good.	ඒක හොඳට දැනෙනවා.	**ē**ka hoňdaṭa dænena**vā**.
That was incredible.	එය විශ්වාස කරන්න බෑ.	eya viś**vā**sa karanna **bæ.**
Let's do it again.	ආයෙත් ඒක කරමු.	**ā**yet **ē**ka karamu.
I want you.	මට ඔයාව අවශ්‍යයි.	maṭa oy**ā**va avaśyayi.
I love your body.	මම ඔයාගෙ ඇඟට කැමතියි.	mama oy**ā**ge æňgaṭa kæmatiyi.
You're beautiful	ඔයා ලස්සනයි	oy**ā** lassanayi
I love you.	මම ඔයාට ආදරෙයි.	mama oy**ā**ṭa **ā**dareyi.
I want to see you again.	මට ඔයාව නැවත දකින්න අවශ්‍යයි.	maṭa oy**ā**va nævata dakinna avaśyayi.
Would you like to meet me tomorrow?	ඔයා කැමතිද මාව හෙට මුණගැහෙන්න?	oy**ā** kæmatida **mā**va heṭa muṇagæhenna?
Would you like to meet me on the weekend?	ඔයා කැමතිද මාව සති අන්තයෙ මුණගැහෙන්න?	oy**ā** kæmatida **mā**va sati antaye muṇagæhenna?
Would you like to give me your phone number?	ඔයා කැමතිද මට ඔයාගෙ දුරකථන අංකය දෙන්න?	oy**ā** kæmatida maṭa oy**ā**ge durakathana aṁkaya denna?
Would you like to give me your email?	ඔයා කැමතිද මට ඔයාගෙ විද්‍යුත් තැපැල් ලිපිනය දෙන්න?	oy**ā** kæmatida maṭa oy**ā**ge vidyut tæpæl lipinaya denna?

3. EMERGENCIES

General

Is it safe?	ඒක ආරක්ෂිතද?	**ē**ka **ā**rakṣitada?
This is an emergency!	මේක හදිසි අවස්ථාවක්!	**mē**ka hadisi avas**thā**vak!
Help!	උදව් කරන්න!	udav karanna!
Be careful!	පරිස්සම් වෙන්න!	parissam venna!
Stop!	නවත්වන්න!	navatvanna!
Call the ambulance!	ගිලන් රථයකට අමතන්න!	gilan rathayakaṭa amatanna!
Call the police!	පොලිසියට අමතන්න!	polisiyaṭa amatanna!
He is hurt.	ඔහුට රිදිලා.	ohuṭa ridil**ā**.
She is hurt.	ඇයට රිදිලා.	æyaṭa ridil**ā**.
There has been an accident.	එතන අනතුරක්.	etana anaturak.
Can I use your phone?	මට ඔයාගෙ දුරකථනය පාවිච්චි කරන්න පුලුවන්ද?	maṭa oy**ā**ge durakathanaya **pā**vicci karanna puluvanda?
Could you help me please?	කරුණාකර මට උදව් කරන්න පුලුවන්ද?	karu**ṇā**kara maṭa udav karanna puluvanda?
I have been robbed.	මාව මංකොල්ල කාලා.	**mā**va maṁkolla **kālā.**
I have been assaulted.	මට අඩත්තේට්ටම් කරලා.	maṭa aḍatt**ē**ṭṭam karal**ā**.
She has been raped.	ඇයව දූෂණය කරලා.	æyava **dū**ṣaṇaya karal**ā**.
He has been assaulted.	ඇයට අඩත්තේට්ටම් කරලා.	æyaṭa aḍatt**ē**ṭṭam karal**ā**.
I lost my ...	මට නැතිවෙලා මගෙ ...	maṭa nætivel**ā** mage ...
... passport	... ගමන් බලපත්‍රය	... gaman balapatraya
... money	... මුදල්	... mudal
... wallet	... මුදල් පසුම්බිය	... mudal pasumbiya
It was a man.	ඒකා මිනිසෙක්.	**ēkā** minisek.
It was a woman	ඒකී කාන්තාවක්.	**ēkī kā**nt**ā**vak.
It was him.	ඒ ඔහු.	**ē** ohu.
It was her.	ඒ ඇය.	**ē** æya.
I need a lawyer	මට නීතිඥයෙක් අවශ්‍යයි	maṭa nītignayek avaśyayi

I need to contact the American embassy.	මට ඇමරිකා තානාපති කාර්යාලය හා සම්බන්ධ වීමට අවශ්‍යයි.	maṭa æmari**kā** **tānā**pati **kāryā**laya **hā** sambandha **vī**maṭa avaśyayi.
I need to contact the British embassy.	මට බ්‍රිතාන්‍ය තානාපති කාර්යාලය හා සම්බන්ධ වීමට අවශ්‍යයි.	maṭa brit**ā**nya **tānā**pati **kāryā**laya **hā** sambandha **vī**maṭa avaśyayi.

4. MEDICAL CARE

I need to go to the hospital.	මට රෝහලට යාමට අවශ්‍යයි.	maṭa **rō**halaṭa **yā**maṭa avaśyayi.
Where is the hospital?	රෝහල කොහෙද?	**rō**hala koheda?
Where is the pharmacy?	ඔසුසල කොහෙද?	osusala koheda?
I lost my medication.	මගෙ බෙහෙත් නැතිවෙලා.	mage behet nætivel**ā**.
I need this medication.	මට මේ බෙහෙත් අවශ්‍යයි.	maṭa **mē** behet avaśyayi.
I'm on medication for ...	මම බෙහෙත් ගන්නවා ...	mama behet ganna**vā** ...
I need new glasses.	මට අලුත් වීදුරු අවශ්‍යයි.	maṭa alut **vī**duru avaśyayi.
I need new contact lenses.	මට අලුත් සිවි කාච අවශ්‍යයි.	maṭa alut sivi **kā**ca avaśyayi.
I need the receipt, please.	කරුණාකර, මට ලදුපතක් අවශ්‍යයි.	karuṇ**ā**kara, maṭa ladupatak avaśyayi.
I'm hurt.	මට රිදුනා.	maṭa ridu**nā.**
He is hurt.	ඔහුට රිදිලා.	ohuṭa ridil**ā**.
She is hurt.	ඇයට රිදිලා.	æyaṭa ridil**ā**.
I'm sick	මම අසනීපෙන්	mama asan**ī**pen
He is sick.	ඔහු අසනීපෙන්.	ohu asan**ī**pen.
She is sick.	ඇය අසනීපෙන්.	æya asan**ī**pen.
It hurts right here ...	හරියටම මෙතන රිදෙනවා ...	hariyaṭama metana ridena**vā** ...
I can't move my ...	මට චලනය කරන්න බෑ මගෙ ...	maṭa calanaya karanna **bæ** mage ...

I'm allergic to something.	මම යමකින් ආසාත්මික වෙලා.	mama yamakin **āsā**tmika vel**ā**.
I was throwing up.	මාව උඩ ගියා.	**mā**va uḍa gi**yā.**
He was throwing up.	ඔහුව උඩ ගියා.	ohuva uḍa gi**yā.**
She was throwing up.	ඇයව උඩ ගියා.	æyava uḍa gi**yā**.
I have chills.	මට වෙව්ලිල්ලක් තියෙනවා.	maṭa vevlillak tiyena**vā**.
I feel weak.	මාව දුර්වලයි වගෙ දැනෙනවා.	**mā**va durvalayi vage dænena**vā**.
I feel dizzy.	මට හිස කරකැවිල්ල දැනෙනවා.	maṭa hisa karakævilla dænena**vā**.
I can't sleep.	මට නිදාගන්න බෑ.	maṭa ni**dā**ganna **bæ.**
I have a headache.	මට හිසරදයක් තියෙනවා.	maṭa hisaradayak tiyena**vā**.
I need antibiotics.	මට ප්‍රතිජීවක අවශ්‍යයි.	maṭa prati**jī**vaka avaśyayi.
How many times a day should I take this?	දවසකට කී පාරක් මම මේක ගත යුතුද?	davasakaṭa **kī pā**rak mama **mē**ka gata yutuda?
He is having ...	ඔහුට තියෙන්නෙ ...	ohuṭa tiyenne ...
... an epileptic fit.	... අපස්මාර ගැස්ම.	... apas**mā**ra gæsma.
... an asthma attack.	... ඇදුම.	... æduma.
... a heart attack.	... හෘද රෝගයක්.	... hṛda **rō**gayak.
I have a fever ...	මට උණක් තියෙනවා ...	maṭa uṇak tiyena**vā** ...
She has a fever ...	ඇයට උණක් තියෙනවා ...	æyaṭa uṇak tiyena**vā** ...
He has a fever ...	ඔහුට උණක් තියෙනවා ...	ohuṭa uṇak tiyena**vā** ...

Women

I'm on the pill.	මම බෙහෙත් පාවිච්චි කරලා ඉන්නේ.	mama behet **pā**vicci kara**lā** in**nē** .
I need the morning after pill.	මට උදෙන්ම බෙහෙත් අවශ්‍යයි.	maṭa udenma behet avaśyayi .
I need a pregnancy test.	මට ගර්භණීභාව පරික්ෂාවක් අවශ්‍යයි.	maṭa garbha**ṇī**b**hā**va parik**ṣā**vak avaśyayi .
I have missed my period.	මට මගෙ ඔසප්වීම පසුවෙලා.	maṭa mage osap**vī**ma pasuve**lā** .

I might be pregnant.	මම ගර්භණී වෙලා ඇති.	mama garbhaṇ**ī** vel**ā** æti .
I'm pregnant.	මම ගැබ් ගෙන.	mama gæb gena .
I have a yeast infection.	මට දිලීර ආසාදනයක් තියෙනවා.	maṭa dil**ī**ra **ā**s**ā**danayak tiyena**vā** .
I have a UTI (urinary tract infection).	මට මුත්‍රා ආසාදනයක් තියෙනවා.	maṭa mu**trā** **ā**s**ā**danayak tiyenav**ā** .

5. MINI DICTIONARY

a. English to Sinhalese

English	Sinhalese	Pronunciation

A

English	Sinhalese	Pronunciation
Aboard	පිටරට	piṭaraṭa
About	ගැන	gæna
Above	ඉහත	ihata
Accident	හදිසි අනතුර	hadisi anatura
Account	ගිණුම	giṇuma
Across	හරහා	hara**hā**
Adapter	අනුවර්තකය	anuvartakaya
Address	ලිපිනය	lipinaya
Admit	ඇතුළු කරනවා	ætuḷu karana**vā**
Adult	වැඩිහිටි	væḍihiṭi
Advice	උපදෙස	upadesa
Afraid	භය	bhaya
After	පසු	pasu
Age	වයස	vayasa
Ago	පෙර	pera
Agree	එකඟයි	ekaňgayi
Ahead	ඉදිරියෙන්	idiriyen
Air	වාතය	**vā**taya
Air conditioning	වායු සමීකරණය කිරීම	**vā**yu sa**mī**karaṇaya ki**rī**ma
Airline	ගුවන් ප්රරවාහන සමාගම	guvan pravāhana sa**mā**gama
Airplane	ගුවන් යානය	guvan **yā**naya
Airport	ගුවන් තොටුපල	guvan toṭupala

English	Sinhalese	Pronunciation
Aisle	පේළිය	**pē**ḷiya
Alarm clock	එලාම් ඔරලෝසුව	e**lā**m ora**lō**suva
Alcohol	මත්පැන්	matpæn
All	සියලු	siyalu
Allergy	අසාත්මිකතාව	a**sā**tmika**tā**va
Alone	තනිවම	tanivama
Already	දැනටමත්	dænaṭamat
Also	තවද	tavada
Always	සැමවිටම	sæmaviṭama
Ancient	පුරාණ	pu**rā**ṇa
And	සහ	saha
Angry	කෝපයෙන්	**kō**payen
Animal	සත්වයා	satvaya
Ankle	වළලුකර	vaḷalukara
Another	තවත්	tavat
Answer	පිළිතුර	piḷitura
Antique	පුරාවස්තුව	pu**rā**vastuva
Apartment	මහල් නිවාසය	mahal ni**vā**saya
Apple	ඇපල්	æpal
Appointment	රැකියාව	ræki**yā**va
Argue	වාද කරනවා	**vā**da karana**vā**
Arm	අත	Ata
Arrest	අත් අඩංගුවට ගැනීම	at aḍaṁguvaṭa gæ**nī**ma
Arrivals	පැමිණීම	pæmi**ṇī**ma
Arrive	පැමිණෙන්න	pæmiṇenna
Art	කලා	Ka**lā**
Artist	කලාකරු	Ka**lā**karu
Ask (questinoning)	ප්‍රශ්න ඇසීම	praśna æ**sī**ma
Ask (request)	ඉල්ලීම	Il**lī**ma
Aspirin	වේදනා නාශක ඖෂධ	**vē**da**nā** **nā**śaka auṣadha

English	Sinhalese	Pronunciation
At	හිදී	Hi**dī**
ATM	ස්වයංක්‍රීයටෙලර් යන්ත්‍රය	svayaṁk**rī**ya ṭelar yantraya
Awful	අප්‍රසන්න	Aprasanna

B

Baby	ළදරුවා	ḷadaruva
Babysitter	බිලිඳකු	biliňdaku
Back (body)	පිටුපස (ශරීරයේ)	piṭupasa (śa**rī**ra**yē**)
Back (backward position)	ආපසු (පසුගාමී තත්වය)	**ā**pasu (pasug**āmī** tatvaya)
Backpack	ගමන් මල්ල	gaman malla
Bacon	බේකන්	**bē**kan
Bad	නරක	naraka
Bag	ගමන් මළු	gaman maḷu
Baggage	බඩුබාහිර	baḍu**bā**hira
Baggage claim	ගමන් මළු හිමිකම්	gaman maḷu himikam
Bakery	බේකරිය	**bē**kariya
Ball (sports)	පන්දුව (ක්‍රීඩා)	panduva (**krīḍā**)
Banana	කෙසෙල්	kesel
Band (musician)	සංගීත කණ්ඩායම	saṁ**gī**ta kaṇ**ḍā**yama
Bandage	වෙළුම් පටිය	veḷum paṭiya
Band-Aid	සමූහ අධාර	sam**ū**ha adh**ā**ra
Bank	බැංකුව	bæṁkuva
Bank account	බැංකු ගිණුම	bæṁku giṇuma
Basket	කූඩය	**kūḍā**ya
Bath	නානවා	**nā**nava
Bathing suit	නාන ඇඳුම	**nā**na æňduma
Bathroom	නාන කාමරය	**nā**na **kā**maraya

English	Sinhalese	Pronunciation
Battery	බැටරිය	bæṭariya
Be	වෙන්න	venna
Beach	වෙරළ	veraḷa
Beautiful	ලස්සන	lassana
Because	නිසා	ni**sā**
Bed	ඇඳ	æn̆da
Bedroom	නිදනකාමරය	nidana**kā**maraya
Beef	හරක් මස්	harak mas
Beer	බියර්	biyar
Before	කලින්	kalin
Behind	පිටුපස	piṭupasa
Below	පහත	pahata
Beside	පසෙකින්	pasekin
Best	හොඳ	hon̆da
Bet	ඔට්ටුව	oṭṭuva
Between	අතර	atara
Bicycle	පාපැදිය	**pā**pædiya
Big	මහා	ma**hā**
Bike	යතුරු පැදිය	yaturu pædiya
Bill (bill of sale)	විකිණුම් බිල	vikiṇum bila
Bird	කුරුල්ලා	kurul**lā**
Birthday	උපන් දිනය	upan dinaya
Bite (dog bite)	බල්ලා සපා කෑම	bal**lā** sa**pā** **kæ**ma
Bitter	කටුක	kaṭuka
Black	කලු	kalu
Blanket	පොරවනය	poravanaya
Blind	අන්ධ	andha
Blood	ලේ	**lē**
Blue (dark blue)	තද නිල්	tada nil
Blue (light blue)	ලා නිල්	**lā** nil

English	Sinhalese	Pronunciation
Board (climb aboard)	ගොඩ වෙනවා (පිටරට තරණය)	goḍa venavā (piṭaraṭa taraṇaya)
Boarding pass	නැවතීමේ අවසර පත්රය	nævatīmē avasara patraya
Boat	බෝට්ටුව	bōṭṭuva
Body	ශරීරය	śarīraya
Book	පොත	pota
Bookshop	පොත්හල	pothala
Boots (shoes)	බූට් සපත්තුව	būṭ sapattuva
Border	මායිම	māyima
Bored	කම්මැලි	kammæli
Boring	නීරස	nīrasa
Borrow	ණයට ගන්නවා	ṇayaṭa gannavā
Both	දෙකම	dekama
Bottle	බෝතලය	bōtalya
Bottle opener (beer)	බියර් බෝතල් විවෘතකය	biyar bōtal vivṛtakaya
Bottle opener (corkscrew)	විවෘතකය බෝතල් (කස්කුරුප්පුව)	vivṛtakaya bōtal (kaskuruppuva)
Bottom (butt)	පහළ (තට්ටම)	pahaḷa (taṭṭama)
Bottom (on bottom)	පහළ (පහළ මත)	pahaḷa (pahaḷa mata)
Bowl	අහාර වළඳන පාත්රට	ahāra vaḷaňdana pātraya
Box	පෙට්ටිය	peṭṭiya
Boy	පිරිමි ළමයා	pirimi ḷamayā
Boyfriend	පෙම්වතා	pemvatā
Bra	තනපට	tanapaṭa
Brave	නිර්භීත	nirbhīta
Bread	පාන්	pān
Break	විවේකය	vivēkaya
Breakfast	උදේ ආහාරය	udē āhāraya
Breathe	හුස්ම ගන්නවා	husma gannavā

English	Sinhalese	Pronunciation
Bribe	අල්ලස	allasa
Bridge	පාලම	**pā**lama
Bring	ගේනවා	**gē**navā
Broken (breaking)	බිඳ	biňda
Brother	සහෝදරයා	sa**hō**dara**yā**
Brown	දුඹුරු	duṁburu
Brush	බුරුසුව	burusuva
Bucket	බාල්දිය	**bā**ldiya
Bug	මකුණා	makuṇ**ā**
Build	ගොඩනගනවා	goḍanagana**vā**
Builder	ගොඩනගන්නා	goḍanagan**nā**
Building	ගොඩනැගිල්ල	goḍanægilla
Burn	පිළිස්සුම	piḷissuma
Bus	බස් රථය	bas rathaya
Bus station	බස් නැවතුම්පල	bas nævatumpala
Bus stop	බස් නැවතුම	bas nævatuma
Business	ව්‍යාපාරය	v**yāpā**raya
Busy	කාර්යබහුල	**kā**ryabahula
But	එහෙත්	ehet
Butter	බටර්	baṭar
Butterfly	සමනලයා	samanala**yā**
Buy	මිලට ගන්නවා	milaṭa gannavā

C

Cake (wedding cake)	මංගල කේක්	maṁgala **kē**k
Cake (birthday cake)	උපන්දින කේක්	upandina **kē**k
Call	ඇමතුම	æmatuma
Call (telephone call)	දුරකථන ඇමතුම	durakathana æmatuma

English	Sinhalese	Pronunciation
Camera	කැමරාව	kæma**rā**va
Camp	කඳවුර	kaňdavura
Campfire	එලිපිට ගින්න	elipiṭa ginna
Campsite	කඳවුරු භූමිය	kaňdavuru b**hū**miya
Can (have the ability)	පුලුවන්	puluvan
Can (allowed)	හැකි	hæki
Can (aluminium can)	ඇලුමිනියම් බඳුන	æluminiyam baňduna
Cancel	අවලංගු කරනවා	avalaṁgu karanavā
Candle	ඉටිපන්දම	iṭipandama
Candy	සූකිරි	**sū**kiri
Car	මෝටර් රථය	**mō**ṭar rathaya
Cards (playing cards)	කාඩ් කුට්ටම	**kāḍ** kuṭṭama
Care for	රැකබලා ගන්නවා	rækaba**lā** gannavā
Carpenter	වඩු කාර්මිකයා	vaḍu **kā**rmikaya
Carriage	මැදිරිය	mædiriya
Carrot	කැරට්	kæraṭ
Carry	රැගෙන යන්වා	rægena yana**vā**
Cash	මුදල්	mudal
Cash (deposit a check)	චෙක්පත් තැන්පතු	cekpat tænpatu
Cashier	මුදල් අයකැමි	mudal ayakæmi
Castle	මාලිගය	**mā**ligaya
Cat	පූසා	**pūsā**
Cathedral	දෙව්මැදුර	devmædura
Celebration	සැමරුම	sæmaruma
Cell phone	ජංගම දුරකථනය	jaṁgama durakathanaya
Cemetery	සුසාන භූමිය	su**sā**na **bhū**miya

English	Sinhalese	Pronunciation
Cent	සතය	sataya
Centimeter	සෙන්ටි මීටරය	senṭi **mīṭ**araya
Center	මැද	mæda
Cereal	ධාන්යl	**dhā**nya
Chair	පුටුව	puṭuva
Chance	අවස්ථාව	avas**thā**va
Change	වෙනස් කරනවා	venas karana**vā**
Change (coinage)	කාසි	**kā**si
Change (pocket change)	මාරු (මාරු සල්ලි)	**mā**ru (māru salli)
Changin room	ඇඳුම් මාරුකරන කාමරය	æňdum **mā**rukarana **kā**maraya
Chat up	සතුටු සාමිචියේ යෙදෙනවා	satuṭu **sā**mici**yē** yedenavā
Cheap	ලාභ	**lā**bha
Cheat	වංචා කරනවා	vaṁ**cā** karana**vā**
Cheese	චීස්	**cī**s
Chef	සූපවේදී	**sū**pa**vē**dī
Cherry	චෙරි	ceri
Chest (torso)	පපුව	papuva
Chicken	කුකුල් මස්	kukul mas
Child	ළමයා	ḷa**māyā**
Children	දරුවන්	daruvan
Chocolate	චොකලට්	cokalaṭ
Choose	තෝරා ගන්නවා	**tōrā** ganna**vā**
Christmas	නත්තල	nattala
Cider	ඇපල් මධ්‍ය සාර	æpal madhya**sā**ra
Cigar	සුරුට්ටුව	suruṭṭuva
Cigarette	සිගරට්ටුව	sigaraṭṭuva
City	නගරය	nagaraya
City center	නගර මධ්‍යය	nagara madhyaya
Class (categorize)	කාණ්ඩය	**kā**ṇḍaya

English	Sinhalese	Pronunciation
Clean	පිරිසිදු	pirisidu
Cleaning	පිරිසිදු කරනවා	pirisidu karana**vā**
Climb	නගිනවා	nagina**vā**
Clock	ඔරලෝසුව	ora**lō**suva
Close	අවසන් කරනවා	avasan karana**vā**
Close (closer)	සමීප	sa**mī**pa
Closed	වසා ඇත	va**sā** æta
Clothing	ඇඳුම්	æňdum
Clothing store	ඇඳුම් පැළඳුම් ගබඩාව	æňdum pæḷaňdum gaba**ḍā**va
Cloud	වළාකුල	va**ḷā**kula
Cloudy	වළාකුළු පිරි	va**ḷā**kuḷu piri
Coast	වෙරළ	veraḷa
Coat	කබාය	ka**bā**ya
Cockroach	කැරපොත්තා	kærapot**tā**
Cocktail	මත්පැන්	matpæn
Cocoa	කොකෝවා	ko**kōvā**
Coffee	කෝපි	**kō**pi
Coins	කාසි	**kā**si
Cold	සීතල	**sī**tala
College	විදුහල	viduhala
Color	වර්ණය	varṇaya
Comb	පනාව	pa**nā**va
Come	එන්න	enna
Comfortable	සැප පහසු	sæpa pahasu
Compass	මාලිමාව	**mā**li**mā**va
Complain	පැමිණිල්ල	pæmiṇilla
Complimentary (on the house)	පතිවිරුද්ධ (නිවස මත)	pativiruddha (nivasa mata)
Computer	පරිගණකය	parigaṇakaya
Concert	ප්‍රසංගය	prasaṁgaya

English	Sinhalese	Pronunciation
Conditioner (conditioning treatment)	සමීකරණ (සමීකරණ ප්‍රතිකාර)	samīkaraṇa (samīkaraṇa pratikāra)
Contact lens solution	සිවි කාච විසඳුම	sivi **kā**ca visaňduma
Contact lenses	සිවි කාච	sivi k**ā**ca
Contract	කොන්ත්‍රාත්තුව	kon**trā**ttuva
Cook	උයනවා	uyana**vā**
Cookie	කුකී බිස්කට්	ku**kī** biskaṭ
Cool (mild temperature)	සිසිල් (මෘදු උෂ්ණත්වය)	sisil (mṛdu uṣṇatvaya)
Corn	ඉරිඟු	iriňgu
Corner	මුල්ල	mulla
Cost	වියදම	viyadama
Cotton	කපු	kapu
Cotton balls	කපු පන්දු	kapu pandu
Cough	කැස්ස	kæssa
Count	ගණනය කිරීම	gaṇanaya kirīma
Country	රට	raṭa
Cow	එළදෙන	eḷadena
Crafts	ශිල්ප	śilpa
Crash	ගැටුම	gæṭuma
Crazy	පිස්සු	pissu
Cream (creamy)	යොදය	yodaya
Cream (treatment)	ආලේපන	**ālē**pana
Credit	ණය	ṇaya
Credit card	ණය පත	ṇaya pata
Cross (crucifix)	කුරුසිය	kurusiya
Crowded	ජනාකීර්ණ	ja**nākī**rṇa
Cruise	නැව් සංචාරය	næv saṁ**cā**raya
Custom	රේගු	**rē**gu
Customs	සිරිත් විරිත්	sirit virit

English	Sinhalese	Pronunciation
Cut	කපනවා	kapana**vā**
Cycle	චක්‍රය	cakraya
Cycling	පාපැදි පැදීම	**pā**pædi pæ**dī**ma
Cyclist	පාපැදිකරුවා	**pā**pædikaræ**vā**

D

Dad	තාත්තා	**tā**t**tā**
Daily	දිනපතා	dinapa**tā**
Dance	නර්තනය	nartana
Dancing	නැටුම් නැටීම	næṭum næ**ṭī**ma
Dangerous	භයානක	bha**yā**naka
Dark	අඳුරු	aňduru
Date (important notice)	දිනය (වැදගත් දැනුම්දීම්)	dinaya (vædagat dænumdīm)
Date (specific day)	දිනය (නිශ්චිත දිනය)	dinaya (niścita dinaya)
Date (companion)	දිනය (සහයෝගී වූ)	dinaya (sahayōgī vū)
Daughter	දියණිය	diyaṇiya
Dawn	අලුයම	aluyama
Day	දවස	davasa
Day after tomorrow	අනිද්දා	anid**dā**
Day before yesterday	පෙරේදා	pe**rēdā**
Dead	මැරුණු	mæruṇu
Deaf	බිහිරි	bihiri
Deal (card dealer)	බෙදා දෙනවා	be**dā** dena**vā**
Decide	තීරණය කරනවා	**tī**raṇaya karana**vā**
Deep	ගැඹුරු	gæmburu
Degrees (weather)	ප්‍රමාණය (කාලගුණය)	pra**mā**ṇaya (**kā**laguṇaya)

English	Sinhalese	Pronunciation
Delay	ප්‍රමාදය	pra**mā**daya
Deliver	ගලවාගන්නවා	gala**vā**ganna**vā**
Dentist	දන්ත වෛද්‍යවරයා	danta vaidyavara**yā**
Deodorant	ඩියෝඩරන්ට්	ḍi**yō**ḍranṭ
Depart	ඉවත්ව යනවා	ivatva yana**vā**
Department store	විශාල සාප්පු සංකීර්ණය	vi**śā**la s**ā**ppu saṁ**kī**rṇaya
Departure	පිටව යාම	piṭava **yā**ma
Departure gate	පිටව යාමේ දොරටුව	piṭava **yāmē** doraṭuva
Deposit	තැන්පතු	tænpatu
Desert	කාන්තාරය	**kā**n**tā**raya
Dessert	අතුරුපස	aturupasa
Details	විස්තර	vistara
Diaper	ළදරු නැප්කිනය	ḷadaru næpkinaya
Diarrhea	පාචනය	**pā**canaya
Diary	දිනපොත	dinapota
Die	මරණය	maraṇaya
Diet	ආහාරය	**āhā**raya
Different	විවිධ	vividha
Difficult	දුෂ්කර	duṣkara
Dinner	රාත්‍රී ආහාරය	**rātrī āhā**raya
Direct	සෘජු	sṛju
Direction	දිශාව	di**śā**va
Dirty	අපිරිසිදු	apirisidu
Disaster	ආපදාව	**ā**pad**ā**va
Disabled	ආබාධිත	**ābā**dhita
Dish	දීසිය	**dī**siya
Diving	කිමිදුම	kimiduma
Dizzy	කරකැවිල්ල දැනෙන	karakævilla dænena
Do	කරනවා	karana**vā**

English	Sinhalese	Pronunciation
Doctor	වෛද්‍යවරයා	vaidyavara**yā**
Dog	බල්ලා	bal**lā**
Door	දොර	dora
Double	ද්විත්ව	dvitva
Double bed	ද්විත්ව ඇඳ	dvitva æn̆da
Double room	ද්විත්ව කාමරය	dvitva **kā**maraya
Down	පහළ	pahaḷa
Downhill	පල්ලම	pallama
Dream	සිහිනය	sihinaya
Dress	ඇඳුම	æn̆duma
Drink (cocktail)	බොන්න (මද්‍යසාර පානය)	bonna (madya**sā**ra **pā**naya)
Drink (beverage)	බොන්න (බීම)	bonna (**bī**ma)
Drink	බීම	**bī**ma
Drive	පදවනවා	padavana**vā**
Drums	බෙර	bera
Drunk	බීමත්ව	**bī**matva
Dry	වියළි	viyaḷi
Duck	තාරාවා	**tārāvā**

E

Each	සෑම	**sæ**ma
Ear	කන	kana
Early	කලින්	kalin
Earn	උපයා ගන්නවා	upa**yā** ganna**vā**
East	නැගෙනහිර	nægenahira
Easy	පහසු	pahasu
Eat	කනවා	kana**vā**
Education	අධ්‍යාපනය	adh**yā**panaya
Egg	බිත්තරය	bittaraya

English	Sinhalese	Pronunciation
Electricity	විදුලි	viduli
Elevator	විදුලි සෝපානය	viduli **sōpā**naya
Embarrassed	අපහසුවට පත්වුනු	apahasuvaṭa patvunu
Emergency	හදිසි	hadisi
Empty	හිස්	his
End	අවසානය	ava**sā**naya
English	ඉංග්‍රීසි	i**ṁgrī**si
Enjoy (enjoying)	සතුටු වෙනවා	satuṭu vena**vā**
Enough	ඇති	æti
Enter	ඇතුලත් කරනවා	ætulat karanavā
Entry	පිවිසුම	pivisuma
Escalator	සෝපානය	**sōpā**naya
Euro	යූරෝ	yu**rō**
Evening	සවස	savasa
Every	සෑම	s**ǣ**ma
Everyone	හැමෝම	hæ**mō**ma
Everything	සියල්ල	siyalla
Exactly	හරියටම	hariyaṭama
Exit	පිටවීම	piṭa**vī**ma
Expensive	මිල අධික	mila adhika
Experience	අත්දැකීම	atdæ**kī**ma
Eyes	ඇස්	æs

F

Face	මුහුණ	muhuṇa
Fall (autumnal)	වැටීම (සමයේ)	**væṭīma** (sama**yē**)
Fall (falling)	වැටීම (වැටෙන)	**væṭīma** (væṭena)
Family	පවුල	pavula
Famous	ප්‍රසිද්ධ	prasiddha
Far	ඈත	**ǣ**ta

English	Sinhalese	Pronunciation
Fare	ගාස්තුව	**gā**stuva
Farm	ගොවිපල	govipala
Fast	ඉක්මනින්	ikmanin
Fat	මේදය	**mē**daya
Feel (touching)	දැනෙනවා	dænena**vā**
Feelings	හැඟීම්	hæň**gī**m
Female	කාන්තා	**kā**n**tā**
Fever	උණ	uṇa
Few	කිහිපය	kihipaya
Fight	සටන	saṭana
Fill	පුරවනවා	puravanna**vā**
Fine	සියුම්	siyum
Finger	ඇඟිල්ල	æňgilla
Finish	අවසානයි	ava**sā**nayi
Fire (heated)	ගිනි	gini
First	පලමු	palamu
First-aid kit	ප්‍රථමාධාර කට්ටලය	pratha**mādhā**ra kaṭṭalaya
Fish	මාළුවා	**mā**ḷu**vā**
Flat	පැතලි	pætali
Floor (carpeting)	මහල (බුමුතුරුණු එළීම)	mahala (bumuturuṇu eḷīma)
Floor (level)	මහල (මට්ටම)	mahala (maṭṭama)
Flour	පිටි	piṭi
Flower	මල	mala
Fly	පියාසර කරනවා	pi**yā**sara karana**vā**
Foggy	මීදුමෙන් වැසුණු	**mī**dumen væsuṇu
Follow	අනුගමනය කරනවා	anugamanaya karana**vā**
Food	ආහාර	**āhā**ra
Foot	අඩි	aḍi
Forest	වනය	vanaya

English	Sinhalese	Pronunciation
Forever	සදහටම	sadahaṭama
Forget	අමතක කරනවා	amataka karana**vā**
Fork	ගෑරුප්පුව	**gæ**ruppuva
Foul	අපිරිසිදු	apirisidu
Fragile	බිඳෙන සුලු	biňdena sulu
Free (at liberty)	නිදහස්	nidahas
Free (no cost)	නොමිලේ	nomi**lē**
Fresh	නැවුම්	nævum
Fridge	ශීතකරණය	**śī**takaraṇaya
Friend	මිතුරා	mitu**rā**
From	සිට	siṭa
Frost	හිම	hima
Fruit	පලතුරු	palaturu
Fry	බදිනවා	badina**vā**
Frying pan	තාච්චිය	**tā**cciya
Full	පූර්ණ	**pū**rṇa
Full-time	පූර්ණ කාලීන	**pū**rṇa **kālī**na
Fun	විනෝද	vi**nō**da
Funny	හාස්‍ය ජනක	**hā**syajanaka
Furniture	ගෘහභාණ්ඩ	gṛha**bhā**ṇṅa
Future	අනාගතය	a**nā**gataya

G

Game (event)	ක්‍රීඩාව(උත්සවය)	**krīḍā**va (isawwa)
Garbage	කසල	kasala
Garbage can	කසල බඳුන	kasala baňduna
Garden	වත්ත	vatta
Gas (gasoline)	ගෑස් (ගැසොලින්)	**Gæ**s(
Gate (airport)	ගේට්ටුව(ගුවන්තොටුපොල)	**gē**ṭṭuva
Gauze	ගෝස්	**gō**s

English	Sinhalese	Pronunciation
Get	ලබාගන්නවා	la**bā**gannwa
Get off (disembark)	ඉවත් කරනවා	Iwath karanawa
Gift	ත්යාhගය	thyaagaya
Girl	දැරිය	daeriya
Girlfriend	පෙම්වතිය	pemvatiya
Give	දෙන්න	denna
Glass	වීදුරුව	**vī**duruva
Glasses (eyeglasses)	වීදුරු(ඇස් කණ්ණාඩි)	**Vī**duru(æs kaṇ**ṇā**ḍi)
Gloves	අත්වැසුම්	atvæsum
Glue	මැලියම්	mæliyam
Go (walk)	යන්න (ඇවිදගෙන)	yanna (ævidagena)
Go (drive)	යන්න (ධාවකය)	yanna (**dhā**vakaya)
Go out	නැති වෙනවා	næti vena**vā**
God (deity)	දෙවියන් වහන්සේ (දේවත්වය)	deviyan vahan**sē** (**dē**vatvaya)
Gold	රන්	ran
Good	යහපත	yahapata
Government	ආණ්ඩුව	**ā**ṇḍuva
Gram	ඇට	æṭa
Granddaughter	මිණිපිරිය	miṇipiriya
Grandfather	සීයා	**Sīyā**
Grandmother	ආච්චි	**Ā**chchi
Grandson	මුනුපුරා	Munupu**rā**
Grass	තෘණ	tṛuṇa
Grateful	කෘතඥ	kṛtagna
Grave	මිනීවළ	minivaḷa
Great (wonderful)	මහා (පුදුම)	ma**hā** (puduma)
Green	හරිත	Harita
Grey	අළු	aḷu
Grocery	සිල්ලර බඩු	sillara baḍu

English	Sinhalese	Pronunciation
Grow	වර්ධනය	Vardhanaya
Guaranteed	සහතික	Sahatika
Guess	අනුමාන කරනවා	anu**mā**na karana**vā**
Guilty	වරද	Varada
Guitar	ගිටාරය	giṭ**ā**raya
Gun	ගිනි අවිය	gini aviya
Gym	කායවර්ධන ශාලාව	**Kā**yavardhan **śhālā**va

H

Hair	කෙස්	Kes
Hairbrush	හිස පීරනය	Hisa peeranaya
Haircut	කොණ්ඩය කැපීම	koṇḍaya kæ**pī**ma
Half	අර්ධ	Ardha
Hand	අත	Ata
Handbag	අත්බෑගය	Ath**bǣ**gaya
Handkerchief	ලේන්සුව	**Lē**nsuva
Handmade	අතින් සෑදූ	athin saedu
Handsome	කඩවසම්	kaḍavasam
Happy	සතුට	sathuṭa
Hard (firm)	දෘඪ (සමාගම්)	dṛuḍha (sa**mā**gam)
Hard-boiled	දැඩිව තැම්බූ	dæḍiwa tæm**bū**
Hat	තොප්පිය	Thoppiya
Have	තිබෙනවා	Tibenavā
Have a cold	සීතලක් තිබෙනවා	**sī**talak tibena**vā**
Have fun	විනෝද වන්න	vi**nō**da vanna
He	ඔහු	Ohu
Head	හිස	hisa
Headache	හිසරදය	hisaradaya
Headlights	ඉදිරිපසලාම්පු	Idiripasa**lā**mpu
Health	සෞඛ්‍ය	Saukhya

English	Sinhalese	Pronunciation
Hear	අසන්න	Asanna
Heart	හදවත	hadhavata
Heat	තාපය	**Tā**paya
Heated	උණුසුම්	uṇusum
Heater	තාපකය	**tā**pakaya
Heavy	තද	tada
Helmet	හිස් ආවරණය	his **ā**varaṇaya
Help	උදව්ව	udavva
Her (hers)	ඇය (ඇයගේ)	æya (æya**gē**)
Herb	ඔසු	Osu
Herbal	ශාකසාර	shakasara
Here	මෙහි	Mehi
High (steep)	ඉහළ (ඉහළ යෑම)	ihaḷa (ihaḷa **yæma**)
High school	උසස් පාසැල	usas **pā**sæla
Highway	අධිවේගී මාර්ගය	adhi**vēgī mā**rgaya
Hike	ඉහළ යාම	ihaḷa yama
Hiking	දිඟු පාගමන්	dĩngu **pā**gaman
Hill	කන්ද	kandha
Hire	කුලිය	Kuliya
His	ඔහුගේ	ohu**gē**
History	ඉතිහාසය	Iti**hā**saya
Holiday	නිවාඩු දිනය	ni**vā**ḍu dinaya
Holidays	නිවාඩු දින	ni**vā**ḍu dina
Home	ගෙදර	Gedara
Honey	මී පැණි	**mī** pæṇi
Horse	අශ්වයා	aśvaya
Hospital	රෝහල	**Rō**hala
Hot	උණුසුම	uṇusuma
Hot water	උණු වතුර	uṇu vatura
Hotel	හෝටලය	**hō**ṭalaya
Hour	පැය	Pæya

English	Sinhalese	Pronunciation
House	නිවස	Nivasa
How	කෙසේද	kes**ē**da
How much	කොපමණ ද	kopamaṇa da
Hug	වැළදගැනීම	væḷadagæ**nī**ma
Humid	තෙතමනය	Tetamanaya
Hungry (famished)	බඩගින්න(හාමතේ සිටි)	baḍaginna(haamathe siti)
Hurt	තුවාලය	tuv**ā**laya
Husband	ස්වාමිපුරුෂයා	**svā**mipuruṣha**yā**

I

Ice	අයිස්	ayis
Ice cream	අයිස් ක්රීpම්	ayis **krī**m
Identification	හදුනා ගැනීම	hadu**nā** gæ**nī**ma
ID card	හැඳුනුම්පත	hæ̆ndunumpatha
Idiot	මෝඩයා	**mō**ḍaya
If	නම්	Nam
Ill	මම කරන්නම්	mama karannam
Important	වැදගත්	vædagath
Impossible	කල නොහැකි	kala nohæki
In	තුළ	tuḷa
(be) in a hurry	(විය) කාඩිමුඩියේ	(viya) kaḍimuḍi**yē**
In front of	ඉදිරියෙන්	Idiriyen
Included	ඇතුළත්	aetuḷat
Indoor	ගෘහස්ථ	gṛhastha
Information	විස්තර	Vistara
Ingredient	අමුද්රව්යය	Amudravyaya
Injury	තුවාල	Tu**vā**la
Innocent	අහිංසක	ahiṁsaka
Inside	තුල	Thula

English	Sinhalese	Pronunciation
Interesting	උනන්දුවක් දක්වන	unanduvak dakvana
Invite	ඇරයුම් කරනව	aerayum karanawa
Island	දිවයින	Divayina
It	ඒ	Ē
Itch	හොරි	hori

J

Jacket	ජැකෙට්ටුව	jækeṭṭuva
Jail	සිර මැදිරිය	sira mædiriya
Jar	භාජනය	bh**ā**janaya
Jaw	හක්ක	hakka
Jeep	ජීප් රථය	**jī**p rathaya
Jewelry	ස්වර්ණාභරණ	svar**ṇā**bharaṇa
Job	රැකියාව	raeki**yā**va
Jogging	ශරීර සුවතාව	śa**rī**ra suva**tā**va
Joke	විහිළුව	vihiḷuva
Juice	ඉස්ම	isma
Jumper (cardigan)	කබාය (ලොම් කබාය)	ka**bā**ya (lom ka**bā**ya)

K

Key	යතුර	yatura
Keyboard	යතුරු පුවරුව	yaturu puvaruva
Kilogram	කිලෝ ග්රෑම්	kil**ō** **græ**m
Kilometer	කිලෝමීටරය	kil**ōmī**ṭaraya
Kind (sweet)	වගේ (පැණිරස)	va**gē** (pæṇirasa)
Kindergarten	ළදරු පාසල	ḷadaru **pā**sala
King	රජ	raja
Kiss	හාදුව	**hā**duvak

English	Sinhalese	Pronunciation
Kiss	හාදුව	**hā**duvak
Kitchen	කුස්සි උපකරණ	kussi upakaraṇa
Knee	දණහිස	daṇahisa
Knife	පිහිය	pihiya
Know	දැන	dæna

L

Lace	ලේස්	**lē**s
Lake	විල	vila
Land	ඉඩම	iḍama
Language	භාෂාව	**bhāṣā**va
Laptop	ලැප්ටොප් පරිගණකය	læpṭop parigaṇakaya
Large	මහා	ma**hā**
Last (finale)	පසුගිය (කූටප්රාප්තිය)	pasugiya (**kū**ṭa**prā**ptiya)
Last (previously)	පසුගිය (මීට පෙර)	pasugiya (**mī**ṭa pera)
Law (edict)	නීතිය (අනු දැනුම)	**nī**tiya (anu dænuma)
Lawyer	නීතිඥයා	**nī**tigna**yā**
Lazy	කම්මැලි	kammæli
Leader	නායක	**nā**yaka
Learn	ඉගෙන ගන්නව	igena gannava
Leather	සම්	sam
Left (leftward)	වම් (මතවාදයක් විශාවාස කිරීම)	vam (mata**vā**dayak vi**śāvā**sa kirīma)
Leg	කකුල	kakula
Legal	නීතිමය	**nī**timaya
Lemon	දෙහි	dehi
Lemonade	ලෙමනේඩ්	leman**ē**ḍ
Lens	කාච	**kā**ca
Lesbian	සමලිංගික	samaliṁgika

English	Sinhalese	Pronunciation
Less	අඩු	aḍu
Letter (envelope)	ලිපිය (ලියුම් කවරයක්)	lipiya (liyum kavarayak)
Lettuce	සලාද	salāda
Liar	බොරුකාරයා	borukārayā
Library	පුස්තකාලය	pustakālaya
Lie (lying)	බොරුව (බොරු)	boruva (boru)
Lie (falsehood)	බොරුව(බොරු)	boruva(boru)
Life	ජීවිතය	jīvitaya
Light	ආලෝකය	ālōkaya
Light (pale)	ආලෝකය (සුදුමැලි)	ālōkaya (sudumæli)
Light (weightless)	සැහැල්ලු (බර නැතිකම)	sæhællu (bara nætikama)
Light bulb	විදුලි බුබුල	viduli bubula
Lighter (ignited)	සැහැල්ලු (ජ්වලනය)	sæhællu (jvalanaya)
Like	මෙන්	men
Lime	දෙහි	dehi
Lips	තොල්	tol
Lipstick	තොල් සායම්	tol sāyam
Liquor store	මත්පැන් ගබඩා	matpæn gabaḍā
Listen	සවන් දෙන්න	savan denna
Little (few)	ටිකක් (කිහිපයක්)	ṭikak (kihipayak)
Little (tiny)	පුංචි (ඉතා කුඩා)	puṁci (itā kuḍā)
Live (occupy)	ජීවත් වන (අයිති)	jīvat vana (ayiti)
Local	දේශීය	dēśīya
Lock	අගුළු දැමීම	aguḷu dæmīma
Locked	අගුලුලා ඇත	agululā æta
Long	දිගු	digu
Look	බලන්න,	balanna,
Look for	ගැන සොයා බලන්න	gæna soyā balanna
Lose	අහිමි	ahimi

English	Sinhalese	Pronunciation
Lost	අහිමි විය	ahimi viya
(A) Lot	ගොඩක්	goḍak
Loud	කෑගසනව	**kæ**gasanava
Love	ආදරය	**ā**daraya
Low	අඩු	aḍu
Luck	වාසනාව	**vā**san**ā**va
Lucky	වාසනාවන්ත	**vā**san**ā**vanta
Luggage	ගමන් මල්ල	gaman malla
Lump	එකවර	ekavara
Lunch	දිවා ආහාරය	di**vā** **ā**h**ā**raya
Luxury	සුඛෝපභෝගී	su**khō**pa**bhōgī**

M

Machine	යන්ත්‍රය	yantraya
Magazine	සඟරාව	saṅgar**ā**va
Mail (mailing)	තැපැල් (තැපැල් කිරීම)	tæpæl (tæpæl kirīma)
Mailbox	තැපැල් පෙට්ටිය	tæpæl peṭṭiya
Main	ප්‍රධාන	pra**dhā**na
Mainroad	ප්‍රධාන පාර	pra**dhā**na **pā**ra
Make	කරන්න	karanna
Make-up	වෙස් ගන්වන්න	ves ganvanna
Man	මිනිසා	minis**ā**
Many	බොහෝ	boh**ō**
Map	සිතියම	sitiyama
Market	වෙලඳපොල	velaṅdapola
Marriage	විවාහය	vi**vā**haya
Marry	බඳින්න	baṅdinna
Matches (matchbox)	ගිනිකූරු (ගිනි පෙට්ටිය)	gini**kū**ru (gini peṭṭiya)
Mattress	මෙට්ට	meṭṭa

English	Sinhalese	Pronunciation
Maybe	සමහරවිට	samaharaviṭa
Me	මා	**mā**
Meal	ආහාර වේලක්	**ā**h**ā**ra v**ē**lak
Meat	මස්	mas
Medicine (medicinals)	වෛද (ලෙඩ සුව කරන)	aivada (leḍa suva karana)
Meet	තරගාවලිය	tara**gā**valiya
Meeting	රැස්වීම	ræs**vī**ma
Member	සාමාජික	**sāmā**jika
Message	පණිවුඩය	paṇivuḍaya
Metal	ලෝහ	**lō**ha
Meter	මීටර	**mī**ṭara
Microwave	ක්ෂුද්ර තරංග	kṣudra taraṁga
Midday	දහවල	dahavala
Midnight	මධ්යම රාත්රිය	madhyama **rā**triya
Military	යුද	yuda
Milk	කිරි	kiri
Millimeter	මිලිමීටර	mili**mī**ṭara
Minute (moment)	මිනිත්තුව(මොහොතේ)	minittuva(moho**tē**)
Mirror	කැඩපත	kæḍapata
Miss (lady)	මෙනවිය (කාන්තාව)	menaviya (**kā**nt**ā**va)
Miss (mishap)	මගහැරිම (අනතුරකින්)	magahærima (anaturakin)
Mistake	වරද	varada
Mobile phone	ජංගම දුරකථනය	jaṁgama durakathanaya
Modern	නූතන	**nū**tana
Money	මුදල	mudala
Month	මාසික	**mā**sika
More	තව	tava
Morning	උදෑසන	ud**æ**sana
Mosquito	මදුරුව	maduruva

English	Sinhalese	Pronunciation
Motel	ලැගුම්හල	lægumhala
Mother	මව	mava
Mother-in-law	නැන්දම්මා	nændam**mā**
Motorbike	යතුරු පැදියක්	yaturu pædiyak
Motorboat	මෝටර් බෝට්ටුව	**mō**ṭar **bō**ṭṭuva
Mountain	කන්ද	kanda
Mountain range	කඳුවැටිය	kaduvæṭiya
Mouse	මීයා	**mīyā**
Mouth	මුඛය	mukhaya
Movie	චිත්‍රපටය	citrapaṭaya
Mr.	මහතා.	mahatā.
Mrs./Ms	මිය / මෙනවිය	miya / menaviya
Mud	මඩ	maḍa
Murder	ඝාතනය	**ghā**tanaya
Muscle	මාංශ පේශි	**mā**ṁśa **pē**śi
Museum	කෞතුකාගාරය	kautu**kāgā**raya
Music	සංගීතය	saṁ**gī**taya
Mustard	අබ	aba
Mute	ගොළු	goḷu
My	මගේ	ma**gē**

N

Nail clippers	නියපොතු කපනය	niyapotu kapanaya
Name (moniker)	නම (අර්ධයෙන් යුත්)	nama (ardhayen yut)
Name (term)	නම (කාලීන)	nama (**kālī**na)
Name (surname)	නම (වාසගම)	nama (**vā**sagama)
Napkin	තුවා	tu**vā**
Nature	ස්වභාවය	sva**bhā**vaya
Nausea	ඔක්කාරය	ok**kā**raya
Near (close)	අසල (ආසන්න)	asala (**ā**sanna)

English	Sinhalese	Pronunciation
Nearest	ළඟම ඇති	ḷaṅgama æti
Necessity	අවශ්‍යතාවය	avaśyat**ā**vaya
Neck	ගෙල	gela
Necklace	මාලය	**mā**laya
Need	අවශ්‍යතාව	avaśyat**ā**va
Needle (stitch)	ඉදිකටු (ගොතනවා)	idikaṭu (gotana**vā**)
Negative	ඍණ	ṛṇa
Neither...nor...	...නැත ... හෝ	...næta ... **hō**
Net	දැල	dæla
Never	කවදාවත් නැති	kava**dā**vat næti
New	අලුත්	alut
News	පුවත්	puvat
Newspaper	පුවත්පත	puvatpata
Next (ensuing)	ඊළඟට (ඊලඟ)	īḷaṅgaṭa (īlaṅga)
Next to	එහා පැත්තේ	eh**ā** pætt**ē**
Nice	ලස්සන	lassana
Nickname	අපනාමය	apa**nā**maya
Night	රෑ	**rǣ**
Nightclub	රාත්‍රී සමාජ ශාලාව	**rātrī** sa**mā**ja **śālā**va
No	නැත	næta
Noisy	ඝෝෂාකාරී	**ghōṣākārī**
None	නොවන	novana
Nonsmoking	දුම් නොබොන	dum nobona
Noon	දහවල්	dahaval
North	උතුර	utura
Nose	නාසය	**nā**saya
Not	නැත	næta
Notebook	සටහන් පොත	saṭahan pota
Nothing	කිසිවක් නැත	kisivak næta
Now	දැන්	dæn
Number	අංකය	aṁkaya

English	Sinhalese	Pronunciation
Nurse	හෙද නිලධාරිනී	heda nila**dhā**rin**ī**
Nut	මුරිච්චිය	muricciya

O

Ocean	සාගරය	**sā**garaya
Off (strange)	අක්රිය (අමුතු)	akriya (amutu)
Office	කාර්යාලය	**k**ā**ry**ā**l**aya
Often	බොහෝ විට	boh**ō** viṭa
Oil (oily)	තෙල් (තෙල් සහිත)	thel (thel sahita)
Old	පැරණි	pæræṇi
On	මත	mahta
On time	වෙලාවට	vel**ā**vaṭa
Once	වරක්	varak
One	එක	eka
One-way	එක් පැත්තකට පමණක්	ek pættakaṭa pamaṇak
Only	එකම	ekama
Open	විවෘත	vivṛta
Operation (process)	මෙහෙයුම (ක්රියාවලිය)	meheyuma (kri**yā**valiya)
Operator	ක්රියාකරු	kri**yā**karu
Opinion	මතය	mataya
Opposite	ප්රතිවිරුද්ධ	prativiruddha
Or	හෝ	**hō**
Orange (citrus)	දොඩම් (දෙහි ස්වල්පයක්)	doḍam (dehi svalpayak)
Orange (color)	තැඹිලි (වර්ණ)	tæm̆bili (varṇa)
Orchestra	වාද්ය වෘන්දය	**vā**dya vṛndaya
Order	නියෝග	ni**yō**ga
Order	නියෝග	ni**yō**ga
Ordinary	සාමාන්ය	**sāmā**nya

English	Sinhalese	Pronunciation
Original	මුල්	mul
Other	වෙනත්	venat
Our	අපගේ	apa**gē**
Outside	පිටත	piṭata
Oven	උදුන	uduna
Overnight	එක් රැයකින්	ek ræyakin
Overseas	විදේශීය	vi**dē**śiya
Owner	හිමිකරු	himikaru
Oxygen	ඔක්සිජන්	oksijan

P

Package	බඩු මිටිය	baḍu miṭiya
Packet	පැකට්ටුව	pækaṭṭuva
Padlock	ඉබි යතුර	ibi yatura
Page	පිටුව	piṭuva
Pain	වේදනාව	**vē**dan**ā**va
Painful	වේදනාකාරී	**vē**dan**ākārī**
Painkiller	වේදනා නාශකය	**vē**dan**ā** **nā**śakaya
Painter	චිත්‍ර ශිල්පියා	citra śilpi**yā**
Painting (canvas)	සිතුවම් (කැන්වසය)	situvam (kænvasaya)
Painting (the art)	සිතුවම් (කලාව)	situvam (kal**ā**va)
Pair	කුට්ටම	kuṭṭama
Pan	පෑන්	**pǣ**n
Pants (slacks)	කලිසම් (බුරුල්)	kalisam (burul)
Paper	කඩදාසි	kaḍa**dā**si
Paperwork	ලේඛන කටයුතු	**lē**khana kaṭayutu
Parents	දෙමාපියන්	de**mā**piyan
Park	උද්‍යානය	u**dyā**naya
Park (parking)	ගාල් කරනවා (වාහන නැවැත්වීමේ)	**gā**l karana**vā** (**vā**hana nævæt**vīmē**)

English	Sinhalese	Pronunciation
Part (piece)	අඩ (කැබලි)	aḍa (kæbali)
Part-time	අර්ධ කාලීන	ardha **kālī**na
Party (celebration)	උත්සවය (සැමරුම)	utsavaya (sæmaruma)
Party (political)	පක්ෂය (දේශපාලන)	pakṣaya (**dē**śa**pā**lana)
Pass	අතීතයේ	a**tī**ta**yē**
Passenger	මගියා	magi**yā**
Passport	ගමන් බලපත්‍ර	gaman balapatra
Past (ago)	පසුගිය (පෙර)	pasugiya (pera)
Path	මාර්ගය	**mā**rgaya
Pay	වැටුප	væṭupa
Payment	ගෙවීම	ge**vī**ma
Peace	සාමය	**sā**maya
Peach	පීච්	**pī**c
Peanut	රටකජු	raṭakaju
Pear	පෙයා	pe**yā**
Pedal	අභිබවමින්	abhibavamin
Pedestrian	පදිකයා	padika**yā**
Pen	පෑන	**pǣ**na
Pencil	පැන්සල	pænsala
People	මිනිස්සු	minissu
Pepper (peppery)	ගම්මිරිස් (ගම්මිරිස්)	gammiris (gammiris)
Per	එක්	ek
Per cent	සියයට	siyayaṭa
Perfect	පරිපූර්ණ	pari**pū**rṇa
Performance	කාර්ය සාධනය	**kā**rya **sā**dhanaya
Perfume	විලවුන්	vilavun
Permission (permit)	අවසරය (බලපත්‍ර)	avasaraya (balapatra)
Person	පුද්ගලයා	pudgala**yā**
Petrol	ඉන්ධන	indhana

English	Sinhalese	Pronunciation
Petrol station	ඉන්ධන පිරවුම්හල	indhana piravumhala
Pharmacy	ඔසුහල	osuhala
Phone book	දුරකථන පොත	durakathana pota
Photo	ඡායා රූප	**chāyā** r**ū**pa
Photographer	ඡායාරූප ශිල්පී	**chāyārū**pa śil**pī**
Pigeon	පරවියා	paravi**yā**
Pie	පයි	payi
Piece	කෑල්ලක්	**kǣ**llak
Pig	ඌරා	**ūrā**
Pill	පෙත්ත	petta
Pillow	කොට්ටයක්	koṭṭayak
Pillowcase	කොට්ට උරය	koṭṭa uraya
Pink	රෝස පාට	**rō**sa **pā**ṭa
Place	ස්ථානය	**sthā**naya
Plane	ගුවන් යානය	guvan **yā**naya
Planet	ග්‍රහ ලෝකය	graha **lō**kaya
Plant	ශාක	**śā**ka
Plastic	ප්ලාස්ටික්	**plā**sṭik
Plate	තහඩුව	tahaḍuva
Play (strum)	වාදනය කරනවා (නීරස ලෙස වාදනය කරනවා)	**vā**danaya karana**vā** (**nī**rasa lesa vādanaya karana**vā**)
Play (theatrical)	නිරූපණ (රංග)	nir**ū**paṇa (raṁga)
Plug (stopper)	ප්ලග් (ඇබය)	plag (æbaya)
Plug (socket)	ප්ලග් (පේනු)	plag (**pē**nu)
Plum	වියලි මිදි	viyali midi
Pocket	පොකට්	pokaṭ
Point	තුඩ	tuḍa
Poisonous	විෂ සහිත	viṣa sahita
Police	පොලිසිය	polisiya
Police officer	පොලිස් නිලධාරියා	polis nila**dhā**ri**yā**
Police station	පොලිස් ස්ථානය	polis **sthā**naya

English	Sinhalese	Pronunciation
Politics	දේශපාලනය	**dē**śa**pā**lanaya
Pollution	දූෂණය	**dū**ṣaṇaya
Pool (basin)	සංචිතයේ (ද්‍රෝණියේ)	saṁcita**yē** (**drō**ṇi**yē**)
Poor	දුප්පත්	duppat
Popular	ජනප්‍රිය	janapriya
Pork	ඌරුමස්	**ū**rumas
Port (dock)	වරාය (තොටුපළ)	va**rā**ya (toṭupaḷa)
Positive	ධනාත්මක	dha**nā**tmaka
Possible	හැකි	hæki
Postcard	තැපැල්පත	tæpælpata
Post office	තැපැල් කාර්යාලය	tæpæl **kā**ry**ā**laya
Pot (kettle)	කළය (කේතලය)	kaḷaya (**kē**talaya)
Potato	අල	ala
Pottery	කුඹල්	kum̆bal
Pound (ounces)	පවුම් (අවුන්ස)	pavum (avunsa)
Poverty	දරිද්‍රතා	daridra**tā**
Powder	කුඩු	kuḍu
Power	බලය	balaya
Prayer	යාච්ඤාව	**yā**c**ñā**va
Prefer	කැමති	kæmati
Pregnant	ගැබිනි	gæbini
Prepare	සූදානම් වෙන්න	**sūdā**nam venna
Prescription	බෙහෙත් වට්ටෝරුව	behet vaṭ**ṭō**ruva
Present (treat)	වර්තමානය (සංග්‍රහ)	varta**mā**naya (saṁgraha)
Present (now)	වර්තමානය (දැන්)	varta**mā**naya (dæn)
President	සභාපති	sa**bhā**pati
Pressure	පීඩනය	**pī**ḍanaya
Pretty	ලස්සන	lassana
Price	මිල	mila
Priest	පූජකයා	**pū**jaka**yā**

English	Sinhalese	Pronunciation
Printer (printing)	මුද්‍රණ යන්ත්‍රය (මුදණය)	mudraṇa yantraya (mudaṇaya)
Prison	බන්ධනාගාරය	bandha**nāgā**raya
Private	පුද්ගලික	pudgalika
Produce	නිෂ්පාදනය	niṣ**pā**danaya
Profit	ලාභය	**lā**bhaya
Program	වැඩසටහන	væḍasaṭahana
Promise	පොරොන්දුව	poronduva
Protect	ආරක්ෂා කරනව	**ā**rak**ṣā** karanava
Pub	අවන්හල	avanhala
Public toilet	මහජන වැසිකිළියක්	mahajana væsikiḷiyak
Pull	අදින්න	adinna
Pump	පොම්පය	pompaya
Pumpkin	වට්ටක්කා	vaṭṭak**kā**
Pure	ශුද්ධ	śuddha
Purple	පාට, දම් පාට	**pā**ṭa, dam **pā**ṭa
Purse	පසුම්බිය	pasumbiya
Push	තල්ලුව	talluva
Put	පිටතට	piṭataṭa

Q

Quality	ගුණාත්මකභාවය	guṇ**ā**tmaka**bhā**vaya
Quarter	කාර්තුව	**kā**rtuva
Queen	රැජින	ræjina
Question	ප්‍රශ්නය	praśnaya
Queue	පෝලිම	**pō**lima
Quick	ඉක්මනින්	ikmanin
Quiet	නිහඬව	nihaňḍava
Quit	ඉවත් වෙනව	ivat venava

English	Sinhalese	Pronunciation

R

Rabbit	හාවා	**hāvā**
Race (running)	තරඟය (ධාවන)	taraṅgaya (**dhā**vana)
Radiator	රේඩියේටරය	**rē**ḍi**yē**ṭaraya
Radio	ගුවන් විදුලිය	guvan viduliya
Rain	වර්ෂාව	var**ṣā**va
Raincoat	වැහිකබාය	væhika**bā**ya
Rare (exotic)	දුර්ලභ (විදේශීය)	durlabha (vi**dē**śīya)
Rare (unique)	දුර්ලභ (අද්විතීය)	durlabha (advi**tī**ya)
Rash	දුර දිග නොබලා	dura diga noba**lā**
Raspberry	රාස්බෙරි	rāsberi
Rat	මීයා	**mīyā**
Raw	අමු	amu
Razor	දැළි	dæḷi
Read	කියවන්න	kiyavanna
Reading	කියවීම	kiya**vī**ma
Ready	සූදානම්	**sūdā**nam
Rear (behind)	පසුපස (පිටුපස)	pasupasa (piṭupasa)
Reason	හේතුව	**hē**tuva
Rceipt	කුවිතාන්සිය	kuvi**tā**nsiya
Recently	මෑතකදී	**mæ**takadī
Recomment	නිර්දේශ කිරීම	nir**dē**śa ki**rī**ma
Record (music)	පටිගත කරනව (සංගීතය)	paṭigata karanava (saṁ**gī**taya)
Recycle	ප්රyතිවක්රීකරණය	praticak**rī**karaṇaya
Red	රතු පාට	ratu **pā**ṭa
Refrigerator	ශීතකරණය	**śī**takaraṇaya
Refund	ආපසු ගෙවීම	**ā**pasu ge**vī**ma
Refuse	ප්රuතික්ෂේප	pratik**ṣē**pa

English	Sinhalese	Pronunciation
Regret	කනගාටුව	kanagāṭuva
Relationship	සම්බන්ධතාවය	sambandhatāvaya
Relax	සන්සුන් වන්න	sansun vanna
Relic	ධාතූන් වහන්සේ	dhātūn vahansē
Religion	ආගම	āgama
Religious	ආගමික	āgamika
Remote	දුරස්ථ	durastha
Rent	කුලිය	kuliya
Repair	අලුත්වැඩියා කරනවා	alutvæḍiyā karanavā
Reservation (reserving)	වෙන් කරවා ගැනීම (වෙන්කර තැබීම)	ven karavā gænīma (venkara tæbīma)
Rest	ඉතිරිය	itiriya
Restaurant	ආපන ශාලාව	āpana śālāva
Return (homecoming)	ආපසු එනවා (homecoming)	āpasu enavā (homecoming)
Return (returning)	ආපසු එවනවා (නැවත)	āpasu evanavā (nævata)
Review	සමාලෝචනය	samālōcanaya
Rhythm	රිද්මය	ridmaya
Rib	ඉල ඇටය	ila æṭaya
Rice	සහල්	sahal
Rich (prosperous)	පොහොසත් (සමෘද්ධිමත්)	pohosat (samṛddhimat)
Ride	සවාරිය	savāriya
Ride (riding)	සවාරිය (අසුන් පිට යෑම)	savāriya (asun piṭa yæma)
Right (appropriate)	අයිතිය (අවශ්‍ය නම්)	āpasu enavā (homecoming)
Right (rightward)	අයිතිය (දකුනට)	āpasu evanavā (nævata)
Ring (bauble)	මුද්ද (කෙළිබඩුව)	mudda (keḷibaḍuva)
Ring (ringing)	නාද කරන්න (නාද)	nāda karanna (nāda)
Rip-off	කඩාවඩා ගන්නවා	kaḍāvaḍā gannavā

English	Sinhalese	Pronunciation
River	ගඟ	gaňga
Road	පාර	**pā**ra
Rob	කොල්ලකෑමට	kolla**kǣ**maṭa
Robbery	සොරකම	sorakama
Rock	ගල	gala
Romantic	ප්රේමාන්විත	**prēmā**nvita
Room (accommodation)	කාමරය (නවාතැන් පහසුකම්)	**kā**maraya (na**vā**tæn pahasukam)
Room (chamber)	කාමරය (වාණිජ මණ්ඩලය)	**kā**maraya (**vā**ṇija maṇḍalaya)
Room number	කාමර අංකය	**kā**mara aṁkaya
Rope	කඹය	kaňbaya
Round	වටය	vaṭaya
Route	මාර්ගයේ	**mā**rga**yē**
Rug	සදාතනික	sa**dā**tanika
Ruins	නටබුන්	naṭabun
Rule	පාලනය	**pā**lanaya
Rum	රම්	ram
Run	දුවනවා	duvana**vā**

S

Sad	දුක	duka
Safe	ආරක්ෂිත	**ā**rakṣita
Salad	සලාද	sa**lā**da
Sale (special)	විකිණීමට (විශේෂ)	viki**ṇī**maṭa (vi**śē**ṣa)
Sales tax	අලෙවි බදු	alevi badu
Salmon	සැමන්	sæman
Salt	ලුණු	luṇu
Same	සමාන	sa**mā**na
Sand	වැලි	væli

English	Sinhalese	Pronunciation
Sandal	පාවහන්	**pā**vahan
Sauce	සෝස්	**sōs**
Saucepan	සාස්පාන	**sāspā**na
Sauna	හුමාල	hu**mā**la
Say	පවසන්න	pavasanna
Scarf	සළුව	saḷuva
School	පාසල	**pā**sala
Science	විද්‍යාව	vid**yā**va
Scientist	විද්‍යාඥයා	vavid**yā**gna**yā**
Scissors	කතුරු	katuru
Sea	මුහුද	muhuda
Seasickness	අසනීපය	asa**nī**paya
Season	සමය	samaya
Seat	ආසනය	**ā**sanaya
Seatbelt	ආසන පටිය	**ā**sana paṭiya
Second (moment)	දෙවන (අවස්ථාව)	devana (avast**hā**va)
Second	දෙවැනි	devæni
See	බලන්න	balanna
Selfish	ආත්මාර්ථකාමී	**ā**t**mā**rtha**kāmī**
Sell	අලෙවි	alevi
Send	යවන්න	yavanna
Sensible	සංවේදී	saṁ**vēdī**
Sensual	කාමුක	**kā**muka
Seperate	වෙන්ව	venva
Serious	බරපතල	barapatala
Service	සේවය	**sē**vaya
Several	කිහිපය	kihipaya
Sew	මහනවා	mahana**vā**
Sex	ලිංගභේදය	liṁga**bhē**daya
Sexism	සමලිංගිකත්වය	samaliṁgikatvaya
Sexy	කාමුක	**kā**muka

English	Sinhalese	Pronunciation
Shade (shady)	ඡායාව (සෙවන සහිත)	**Chāyā**va (sevana sahita)
Shampoo	ෂැම්පු	ṣæmpu
Shape	හැඩය	hæḍaya
Share (sharing)	කොටස (බෙදාගැනීම)	koṭasa (be**dā**gæ**nī**ma)
Share (allotment)	කොටස (විභාජනය)	koṭasa (vi**bhā**janaya)
Shave	රැවුල කැපීම	rævula kæ**pī**ma
Shaving cream	රැවුල කැපීමේ ආලේපනය	rævula kæ**pīmē** **ālē**panaya
She	ඇය	æya
Sheet (linens)	කඩදාසිය (කොමු)	kaḍa**dā**siya (komu)
Ship	නැව	næva
Shirt	කමිසය	kamisaya
Shoes	පාවහන්	**pā**vahan
Shoot	රූගත කිරීම්	**rū**gata ki**rī**m
Shop	වෙළඳ සැල	veḷaňda sæla
Shop	වෙළඳ සැල	veḷaňda sæla
Shopping center	සාප්පු සාංකීර්ණය	**sā**ppu **sā**ṁ**kī**rṇaya
Short (low)	කොට (අඩු)	koṭa (aḍu)
Shortage	හිඟයක්	hiňgayak
Shorts	කොට කලිසම්	koṭa kalisam
Shoulder	උරහිස	urahisa
Shout	කෑගැසීම	kǣgæ**sī**ma
Show	පෙන්වන්න	penvanna
Show	පෙන්වන්න	penvanna
Shower	ෂවර්	ṣavar
Shut	වහනවා	vahana**vā**
Shy	ලැජ්ජාව	læ**jjā**va
Sick	අසනීප	asa**nī**pa
Side	පැත්ත	pætta
Sign	ලකුණ	lakuṇa

English	Sinhalese	Pronunciation
Sign (signature)	ලකුණ (අත්සන)	lakuṇa (atsana)
Signature	අත්සන	atsana
Silk	සේද	sēda
Silver	රිදී	ri**dī**
Similar	සමාන	sa**mā**na
Simple	සරල	sarala
Since	සිට	siṭa
Sing	ගයන්න	gayanna
Singer	ගායකයා	**gā**yaka**yā**
Single (individual)	තනි (කේවල)	tani (**kē**vala)
Sister	සහෝදරිය	sa**hō**dariya
Sit	ඉඳගන්න	iňdaganna
Size (extent)	ප්රමාණය (ප්රමාණය)	pra**mā**ṇaya (pra**mā**ṇaya)
Skin	සම	sama
Skirt	සාය	**sā**ya
Sky	අහස	ahasa
Sleep	නින්ද	ninda
Sleepy	නිදිමත වූ	niňdimata **vū**
Slice	පෙත්ත	petta
Slow	මන්දගාමී	manda**gāmī**
Slowly	සෙමින්	semin
Small	කුඩා	ku**ḍā**
Smell	සුවද	suwada
Smile	සිනහව	sinahava
Smoke	දුම	duma
Snack	පංගුව	paṁguva
Snake	සර්පයා	sarpa**yā**
Snow	හිම	hima
Soap	සබන්	saban
Socks	මේස්	**mēs**

English	Sinhalese	Pronunciation
Soda	සෝඩා	**sōḍā**
Soft-drink	මෘදු-බීම	mṛdu-**bī**ma
Some	ඇතැම්	ætæm
Someone	යම් කෙනෙක්	yam kenek
Something	යමක්	yamak
Son	පුතා	put**ā**
Song	ගීතය	**gī**taya
Soon	ඉක්මනින්	ikmanin
Sore	උගුර	ugura
Soup	සූප්	sup
South	දකුණ	dakuṇa
Specialist	විශේෂඥ	vi**śē**ṣagna
Speed (rate)	වේගය (ශ්‍රීඝ්‍රතාව)	**vē**gaya (ś**rī**ghrat**ā**va)
Spinach	නිවිති	niviti
Spoiled (rotten)	නරක් වූ (කුනු වූ)	narak **vū** (kunu **vū**)
Spoke	කතා කළා	kat**ā** kaḷ**ā**
Spoon	හැන්ද	hænda
Sprain	උළුක්කුව	ulukkuva
Spring (prime)	වසන්තය (උත්තම)	vasantaya (uttama)
Square (town center)	චතුරශ්‍රය (නගරය මැද)	chaturaśraya (nagaraya mæda)
Stadium	ක්‍රීඩාංගණය	**krīḍā**ṁgaṇaya
Stamp	මුද්දරය	muddaraya
Star	තරුව	taruva
Star sign	ලග්නය	lagnaya
Start	ආරම්භය	**ā**rambhaya
Station	ස්ථානය	**sthā**naya
Statue	ප්‍රතිමාව	prati**mā**va
Stay (sleepover)	රැඳී සිටින්න (සිටින්න)	ræň**dī** siṭinna (siṭinna)
Steak	පෙති	peti
Steal	සොරකම්	sorakam

English	Sinhalese	Pronunciation
Steep	අධික	adhika
Step	පියවර	piyavara
Stolen	සොරකම් කරනලද	sorakam karanalada
Stomach	බඩ	Bada
Stomach ache	බඩේ අමාරුව	baḍ**ē** am**ā**ruva
Stone	ගල්	gal
Stop (station)	නවතින්න (නැවතුම්පොළ)	navatinna (nævatumpoḷa)
Stop (halt)	නැවතුම (නතර කිරීම)	nævatuma (natara kir**ī**ma)
Stop (avoid)	නතර කිරීම (වැළකීම)	natara kir**ī**ma (væḷa**kī** ma)
Storm	සුළි කුණාටුව	suḷi ku**ṇā**ṭuva
Story	කතාව	kat**ā**va
Stove	උදුන	uduna
Straight	කෙලින්	kelin
Strange	අමුතු	amutu
Stranger	ආගන්තුකයා	**ā**gantuka**yā**
Strawberry	ස්ට්‍රෝබෙරි	s**ṭrō**bari
Street	වීදිය	**vī**diya
String	තත්	tat
Stroller	සක්මන් කරන්නා	sakman karan**nā**
Strong	ශක්තිමත්	śaktimat
Stubborn	මුරණ්ඩු	muraṇḍu
Student	ශිෂ්‍යයා	śiṣya**yā**
Studio	චිත්‍රාගාරය	cit**rāgā**raya
Stupid	මෝඩ	**mō**ḍa
Suburb	නියම්ගම	niyamgama
Subway (underground)	උමං මාර්ග (භූගත)	umaṁ **mā**rga (**bhū**gata)
Sugar	සීනි	**sī**ni
Suitcase	සූට්කේසය	**sū**ṭ**kē**saya

English	Sinhalese	Pronunciation
Summer	ගිම්හාන	gim**hā**na
Sun	හිරු	hiru
Sun block	හිරු මැකීම	hiru mæ**kī**ma
Sunburn	අව්වට පිලිස්සීම	avvaṭa pilis**sī**ma
Sunglasses	අව් කන්නාඩි	av kan**nā**ḍi
Sunny	අවුව ඇති	avuva æti
Sunrise	ඉර උදාවීම	ira **udāvī**ma
Sunset	හිරු බැසීම	hiru bæ**sī**ma
Supermarket	සුපිරිවෙළෙඳසැල	supiriveḷeňdasæla
Surf	රළ	raḷa
Surprise	විශ්මිත	viśmita
Sweater	ඝන කමිසය	ghana kamisaya
Sweet	මිහිරි	mihiri
Swelling	ඉදිමීම	idi**mī**ma
Swim	පිහිනුම්	pihinum
Swiming pool	පිහිනුම් තටාකය	pihinum ta**ṭā**kaya
Swimsuit	පිහිනුම් ඇඳුම	pihinum æňduma

T

Table	මේසය	**mē**saya
Tablecloth	මේස රෙද්ද	**mē**sa redda
Tall	උස	usa
Take	ගන්න	ganna
Take photos	ඡායාරූප ගන්න	**chāyārū**pa ganna
Talk	කතා කරන්න	ka**tā** karanna
Tap	කරාමය	ka**rā**maya
Tap water	නල ජලය	nala jalaya
Tasty	රසවත්	rasavat
Tea	තේ	**tē**

English	Sinhalese	Pronunciation
Teacher	ගුරුවරයා	guruvara**yā**
Team	කණ්ඩායම	kaṇ**ḍā**yama
Teaspoon	තේ හැන්ද	**tē** hænda
Teeth	දත්	dat
Telephone	දුරකථනය	durakathanaya
Television	රූපවාහිනීය	**rū**pa**vā**hin**ī**ya
Tell	කියන්න	nala jalaya
Temperature (feverish)	උෂ්ණත්වය (අධික)	uṣṇatvaya (adhika)
Temperature (degrees)	උෂ්ණත්වය (අංශක)	uṣṇatvaya (aṁśaka)
Terrible	දරුණු	daruṇu
Thank	ස්තුතියි	Stutiyi
That (one)	අර (එක)	ara (eka)
Theater	රඟහල	ran̆gahala
Their	ඔවුන්ගේ	ovung**ē**
There	එතන	etana
Thermometer	උෂ්ණත්වමානය	uṣṇatva**mā**naya
They	ඔව්හු	ovhu
Thick	ඝන	ghana
Thief	හොරා	hora
Thin	සිහින්	sihin
Think	සිතා බලන්න	sit**ā** balanna
Third	තුන්වන	tunvana
Thirsty (parched)	පිපාසය (වියළි)	pip**ā**saya (viyaḷi)
This (one)	මේක (එක)	m**ē**ka (eka)
Throat	උගුර	Ugura
Ticket	ටිකට්	ṭikaṭ
Tight	දැඩි	dæḍi
Time	කාලය	**Kā**laya

English	Sinhalese	Pronunciation
Time difference	කාල පරතරය	**kā**la parataraya
Tin (aluminium can)	ටින් (ඇලුමිනියම් කෑනය)	ṭin (æluminiyam **kǣ**naya)
Tiny	ඉතා කුඩා	i**tā** ku**ḍā**
Tip (tipping)	කෙළවර (හෙළුම්)	keḷavara (bheḷum)
Tire	ටයරය	ṭayaraya
Tired	හෙම්බත්	bhembat
Tissues	පටක	paṭaka
To	දක්වා	dak**vā**
Toast (toasting)	ටෝස්ට් (ටෝස්ට් කිරීම)	**ṭō**sṭ (**ṭō**sṭ kir**ī**ma)
Toaster	කර කරන යන්ත්‍රය	kara karana yantraya
Tobacco	දුම්කොළ	dumkoḷa
Today	අද	ada
Toe	පාගිල්ල	**pā̃**ngilla
Together	එක්ව	ekva
Toilet	වැසිකිළිය	væsikiḷiya
Toilet paper	වැසිකිලි කඩදාසි	væsikili kaḍa**dā**si
Tomato	තක්කාලි	tak**kā**li
Tomorrow	හෙට	heṭa
Tonight	අද රෑ	ada **rǣ**
Too (additionally)	එසේම (මීට අමතරව)	es**ē**ma (**mī**ṭa amatarava)
Too (excessively)	එසේම (අධික)	es**ē**ma (adhika)
Tooth	දත	data
Toothbrush	දත් බුරුසුව	dat burusuva
Toothpaste	දන්තාලේප	dan**tālē**pa
Touch	ස්පර්ශ කිරීම	sparśa kir**ī**ma
Tour	චාරිකාව	**cā**ri**kā**va
Tourist	සංචාරකයා	saṁ**cā**raka**yā**
Towards	කෙරෙහි	kerehi

English	Sinhalese	Pronunciation
Towel	තුවාය	tuvāya
Tower	කුළුණ	kuḷuṇa
Track (pathway)	මග (මාර්ගය)	maga (**mā**rgaya)
Track (racing)	පථය (ධාවන)	pathaya (**dhā**vana)
Trade (trading)	වෙළඳ (වෙළෙඳ)	veḷănda (veḷĕnda)
Trade (career)	වෙළඳ (වෘත්තීය)	veḷănda (vṛt**tī**ya)
Traffic	තදබදය	tadabadaya
Traffic light	මාර්ග සංඥා	**mā**rga saṁg**nā**
Trail	මංපෙත	maṁpeta
Train	දුම්රිය	dumriya
Train station	දුම්රිය ස්ථානය	dumriya s**thā**naya
Tram	ට්‍රෑම් රථය	ṭræm rathaya
Translate	පරිවර්තනය කිරීම	parivartanaya kirīma
Translation	පරිවර්තනය	parivartanaya
Transport	ප්‍රවාහන	pra**vā**hana
Travel	ගමනාගමනය	gama**nā**gamanaya
Tree	ගස්	gas
Trip (expedition)	විනෝද චාරිකාව (ගවේෂණ)	vin**ō**da **cā**ri**kā**va (ga**vē**ṣaṇa)
Truck	ට්‍රක්ථ	ṭrak ratha
Trust	විශ්වාසය	viś**vā**saya
Try (trying)	ට්‍රෝයි (උත්සාහය)	**ṭrō**yi (ut**sā**haya)
Try (sip)	උත්සාහ කරන්න (පොදක්)	ut**sā**ha karanna (podak)
T-shirt	ටී-කමිසය	**ṭī** - kamisaya
Turkey	කළුකුමා	kaḷuku**mā**
Turn	හැරවීම	hæra**vī**ma
TV	ටී.වී.	**ṭī.vī.**
Tweezers	කුඩා අඬුව	ku**ḍā** ănḍuva
Twice	දෙවරක්	devarak

English	Sinhalese	Pronunciation
Twins	නිවුන්නු	nivunnu
Two	දෙක	deka
Type	වර්ගය	vargaya
Typical	සාමාන්යු	**sā**m**ā**nya

U

Umbrella	කුඩය	kuḍaya
Uncomfortable	අපහසුතාවය	apahasu**tā**vaya
Understand	තේරෙනවා	**tē**rena**vā**
Underwear	යට ඇඳුම	yaṭa æňduma
Unfair	අසාධාරණ	**asādhā**raṇa
Until	තුරු	turu
Unusual	අසාමාන්යl	a**sā**m**ā**nya
Up	උඩ	uḍa
Uphill	උඩට	uḍaṭa
Urgent	හදිසි	hadisi
Useful	ප්රfයෝජනවත්	pra**yō**janavat

V

Vacation	නිවාඩුව	ni**vā**ḍuva
Valuable	වටිනා	vaṭi**nā**
Value	වටිනාකම	vaṭi**nā**kama
Van	වෑන් රථය	**vǣ**n rathaya
Vegetable	එළවළු	eḷavaḷu
Vegeterian	නිර්මාංශ	nir**mā**ṁśa
Venue	ස්ථානය	**sthā**naya
Very	ඉතාම	i**tā**ma
Video recorder	වීඩියෝ රෙකෝඩරය	**vī**ḍi**yō** re**kō**ḍaraya

English	Sinhalese	Pronunciation
View	දැකීම	dækīma
Village	ගම	gama
Vinegar	විනාකිරි	viniri
Virus	වෛරසය	vairasaya
Visit	සංචාරය	saṁcāraya
Visit	සංචාරය	saṁcāraya
Voice	හඬ	haňda
Vote	ඡන්ද	canda

W

Wage	වැටුප්	væṭup
Wait	ඉන්න	inna
Waiter	උපස්ථායක	upasthāyaka
Waiting room	නැවතීම් ශාලාව	nævatīm śālāva
Wake (someone) up	අවදි කරන්න (කෙනෙකු)	avadi karanna (keneku)
Walk	ඇවිදීම	ævidīma
Want	අවශ්‍යමයි	avaśyayi
War	යුද්ධය	yuddhaya
Wardrobe	ඇඳුම් කට්ටලයක්	æňdum kaṭṭalayak
Warm	උණුසුම්	uṇusum
Warn	අනතුරු අභවනවා	anaturu aňgavanavā
Wash (bathe)	සෝදනවා (නෑම)	sōdanavā (næma)
Wash (scrub)	සෝදනවා (අතුල්ලනවා)	sōdanavā (atullanavā)
Wash cloth	රෙදි සෝදනවා	redi sōdanavā
Washing machine	රෙදි සෝදන යන්ත්රනය	redi sōdana yantraya
Watch	ඔරලෝසුව	oralōsuva
Watch	ඔරලෝසුව	oralōsuva
Water	වතුර	vatura

English	Sinhalese	Pronunciation
Water bottle	වතුර බෝතලය	vatura **bō**talaya
Watermelon	පැණි කොමඩු	pæṇi komaḍu
Waterproof	දිය කාන්දු නොවන	diya **kā**ndu novana
Wave	රැල්ල	rælla
Way	ආකාරය	**ākā**raya
We	අපි	api
Wealthy	ධනවත්	dhanavat
Wear	පළඳින්න	paḷaňdinna
Weather	කාලගුණය	**kā**laguṇaya
Wedding	විවාහය	vi**vā**haya
Week	සතිය	satiya
Weekend	සති අන්තය	sati antaya
Weigh	බර	bara
Weight	බර	bara
Weights	කිරුම් පඩි	kirum paḍi
Welcome	ඔබ සාදරයෙන් පිළිගනිමු	oba **sā**darayen piḷiganimu
Well	හොඳින්	hoňdin
West	බටහිර	baṭahira
Wet	තෙත්	tet
What	කුමක්ද	kumakda
Wheel	රෝදය	**rō**daya
Wheelchair	රෝද පුටුව	rōda puṭuva
When	කවදා ද	kava**dā** da
Where	කොහෙද	koheda
Which	කුමන	kumana
White	සුදු	sudu
Who	කවුද	kavuda
Why	මන්ද	manda
Wide	පුළුල්	puḷul
Wife	බිරිඳ	birĩnda
Win	දිනුම	dinuma

English	Sinhalese	Pronunciation
Wind	සුළං	suḷaṁ
Window	කවුළුව	kavuḷuva
Wine	සුරා	sur**ā**
Winner	ජයග්‍රාහකයා	jaya**grā**haka**yā**
Winter	ශීත ඍතු	**śī**ta ṛtu
Wish	අදහස	adahasa
With	සමඟ	samaňga
Within (until)	තුල (තෙක්)	tula (tek)
Without	තොරව	torava
Wonderful	පුදුම	puduma
Wood	දැව	dæva
Wool	ලොම්	lom
Word	වචනය	vacanaya
Work	කාර්යය	**kā**ryaya
World	ලෝකය	**lō**kaya
Worried	කනස්සල්ලට පත්ව	kanassallaṭa patva
Wrist	මැණික් කටුව	mæṇik kaṭuva
Write	ලියන්න	liyanna
Writer	ලේඛකයා	lēkhakayā
Wrong	වැරදි	væradi

Y

Years	අවුරුදු	avurudu
Yellow	කහ	kaha
Yes	ඔව්	ov
Yesterday	ඊයේ	**īyē**
(Not) yet	තවමත් (නෑ)	tavamat (næ)
You	ඔබ	oba
You	ඔබ	oba
Young	තරුණ	taruṇa

English	Sinhalese	Pronunciation
Your	ඔබගේ	oba**gē**

Z

Zipper	සිපරය	siparaya
Zoo	සත්වෝද්යානය	sat**vō**d**yā**naya
Zucchini	එළවළු ශාකයක්	eḷavaḷu **śā**kayak

b. Sinhalese to English

Sinhalese	Pronunciation	English
(විය) කඩිමුඩියේ	(viya) kaḍimuḍi**yē**	(be) in a hurry
...නැ ත ... හ ෝ	...næta ... **hō**	Neither...nor...
අංකය	aṁkaya	Number
අක්රිය (අමුතු)	akriya (amutu)	Off (strange)
අගුලුලා ඇත	agulul**ā** æta	Locked
අගුළු දැමීම	aguḷu dæ**mī**ma	Lock
අඩ (කැබලි)	aḍa (kæbali)	Part (piece)
අඩි	aḍi	Foot
අඩු	aḍu	Less
අඩු	aḍu	Low
අත	Ata	Arm
අත	Ata	Hand
අත් අඩංගුවට ගැනීම	at aḍaṁguvaṭa gæ**nī**ma	Arrest
අත්දැකීම	atdæ**kī**ma	Experience
අත්බෑගය	Ath**bǣ**gaya	Handbag
අතර	atara	Between
අත්වැසුම්	atvæsum	Gloves
අත්සන	atsana	Signature
අතින් සෑදූ	athin saedu	Handmade
අතීතයේ	a**tī**ta**yē**	Pass
අතුරුපස	aturupasa	Dessert
අද	ada	Today
අද රෑ	ada **rǣ**	Tonight
අදහස	adahasa	Wish
අදින්න	adinna	Pull
අධ්‍යාපනය	adh**yā**panaya	Education
අධික	adhika	Steep
අධිවේගී මාර්ගය	adhi**vēgī** **mā**rgaya	Highway

Sinhalese	Pronunciation	English
අනතුරු අඟවනවා	anaturu aňgavana**vā**	Warn
අන්ධ	andha	Blind
අනාගතය	a**nā**gataya	Future
අනිද්දා	anid**dā**	Day after tomorrow
අනුගමනය කරනවා	anugamanaya karana**vā**	Follow
අනුමාන කරනවා	anu**mā**na karana**vā**	Guess
අනුවර්තකය	anuvartakaya	Adapter
අඳුරු	aňduru	Dark
අපගේ	apa**gē**	Our
අපනාමය	apa**nā**maya	Nickname
අප්රnසන්න	Aprasanna	Awful
අපහසුතාවය	apahasu**tā**vaya	Uncomfortable
අපහසුවට පත්වුනු	apahasuvaṭa patvunu	Embarrassed
අපි	api	We
අපිරිසිදු	apirisidu	Dirty
අපිරිසිදු	apirisidu	Foul
අබ	aba	Mustard
අභිබවමින්	abhibavamin	Pedal
අමතක කරනවා	amataka karana**vā**	Forget
අමු	amu	Raw
අමුතු	amutu	Strange
අමුද්රව්යය	Amudravyaya	Ingredient
අයිතිය (අවශ්ය නම්)	**ā**pasu ena**vā** (homecoming)	Right (appropriate)
අයිතිය (දකුනට)	**ā**pasu evana**vā** (nævata)	Right (rightward)
අයිස්	ayis	Ice
අයිස් ක්රීvම්	ayis **krī**m	Ice cream
අර (එක)	ara (eka)	That (one)
අර්ධ	Ardha	Half
අර්ධ කාලීන	ardha k**ālī**na	Part-time

Sinhalese	Pronunciation	English
අල	ala	Potato
අල්ලස	allasa	Bribe
අලුත්	alut	New
අලුත්වැඩියා කරනවා	alutvæḍiyā karanavā	Repair
අලුයම	aluyama	Dawn
අලෙවි	alevi	Sell
අලෙවි බදු	alevi badu	Sales tax
අව් කන්නාඩි	av kannāḍi	Sunglasses
අවදි කරන්න (කෙනෙකු)	avadi karanna (keneku)	Wake (someone) up
අවන්හල	avanhala	Pub
අවලංගු කරනවා	avalaṁgu karanavā	Cancel
අව්වට පිලිස්සීම	avvaṭa pilissīma	Sunburn
අවශ්‍යතාව	avaśyatāva	Need
අවශ්‍යතාවය	avaśyatāvaya	Necessity
අවශ්‍යයි	avaśyayi	Want
අවස්ථාව	avasthāva	Chance
අවසන් කරනවා	avasan karanavā	Close
අවසරය (බලපත්‍ර)	avasaraya (balapatra)	Permission (permit)
අවසානය	avasānaya	End
අවසානයි	avasānayi	Finish
අවුරුදු	avurudu	Years
අවුව ඇති	avuva æti	Sunny
අශ්වයා	aśvaya	Horse
අසන්න	Asanna	Hear
අසනීප	asanīpa	Sick
අසනීපය	asanīpaya	Seasickness
අසල (ආසන්න)	asala (āsanna)	Near (close)
අසාත්මිකතාව	asātmikatāva	Allergy
අසාධාරණ	asādhāraṇa	Unfair
අසාමාන්‍ය)	asāmānya	Unusual

Sinhalese	Pronunciation	English
අහස	ahasa	Sky
අහාර වළඳන පාත්රkය	ahāra vaḷaňdana pātraya	Bowl
අහිංසක	ahiṁsaka	Innocent
අහිමි	ahimi	Lose
අහිමි විය	ahimi viya	Lost
අළු	aḷu	Grey
ආකාරය	ākāraya	Way
ආගන්තුකයා	āgantukayā	Stranger
ආගම	āgama	Religion
ආගමික	āgamika	Religious
ආච්චි	Āchchi	Grandmother
ආණ්ඩුව	āṇḍuva	Government
ආත්මාර්ථකාමී	ātmārthakāmī	Selfish
ආදරය	ādaraya	Love
ආපදාව	āpadāva	Disaster
ආපන ශාලාව	āpana śālāva	Restaurant
ආපසු (පසුගාමී තත්වය)	āpasu (pasugāmī tatvaya)	Back (backward position)
ආපසු එනවා (homecoming)	āpasu enavā (homecoming)	Return (homecoming)
ආපසු එවනවා (නැවත)	āpasu evanavā (nævata)	Return (returning)
ආපසු ගෙවීම	āpasu gevīma	Refund
ආබාධිත	ābādhita	Disabled
ආරක්ෂා කරනව	ārakṣā karanava	Protect
ආරක්ෂිත	ārakṣita	Safe
ආරම්භය	ārambhaya	Start
ආලේපන	ālēpana	Cream (treatment)
ආලෝකය	ālōkaya	Light
ආලෝකය (සුදුමැලි)	ālōkaya (sudumæli)	Light (pale)
ආසන පටිය	āsana paṭiya	Seatbelt

Sinhalese	Pronunciation	English
ආසනය	āsanaya	Seat
ආහාර	**āhā**ra	Food
ආහාර වේලක්	**āhā**ra **vē**lak	Meal
ආහාරය	**āhā**raya	Diet
ඇඟිල්ල	æňgilla	Finger
ඇට	æṭa	Gram
ඇතැම්	ætæm	Some
ඇති	æti	Enough
ඇතුලත් කරනවා	ætulat karanavā	Enter
ඇතුළත්	aetuḷat	Included
ඇතුළු කරනවා	ætuḷu karana**vā**	Admit
ඇඳ	æňda	Bed
ඇඳුම	æňduma	Dress
ඇඳුම්	æňdum	Clothing
ඇඳුම් කට්ටලයක්	æňdum kaṭṭalayak	Wardrobe
ඇඳුම් පැළඳුම් ගබඩාව	æňdum pæḷaňdum gaba**ḍā**va	Clothing store
ඇඳුම් මාරුකරන කාමරය	æňdum **mā**rukarana **kā**maraya	Changin room
ඇපල්	æpal	Apple
ඇපල් මධ්‍යyසාර	æpal madhya**sā**ra	Cider
ඇමතුම	æmatuma	Call
ඇය	æya	She
ඇය (ඇයගේ)	æya (æya**gē**)	Her (hers)
ඇරයුම් කරනව	aerayum karanawa	Invite
ඇලුමිනියම් බඳුන	æluminiyam baňduna	Can (aluminium can)
ඇවිදීම	ævi**dī**ma	Walk
ඇස්	æs	Eyes
ඈත	**ǣ**ta	Far
ඉංග්‍රීසි	iṁ**grī**si	English
ඉක්මනින්	ikmanin	Fast

Sinhalese	Pronunciation	English
ඉක්මනින්	ikmanin	Quick
ඉක්මනින්	ikmanin	Soon
ඉගෙන ගන්නව	igena gannava	Learn
ඉටිපන්දම	iṭipandama	Candle
ඉඩම	iḍama	Land
ඉතා කුඩා	**itā** ku**ḍā**	Tiny
ඉතාම	it**ā**ma	Very
ඉතිරිය	itiriya	Rest
ඉතිහාසය	Iti**hā**saya	History
ඉදිකටු (ගොතනවා)	idikaṭu (gotana**vā**)	Needle (stitch)
ඉදිමීම	idi**mī**ma	Swelling
ඉදිරිපසලාම්පු	Idiripasa**lā**mpu	Headlights
ඉදිරියෙන්	idiriyen	Ahead
ඉදිරියෙන්	Idiriyen	In front of
ඉන්ධන	indhana	Petrol
ඉන්ධන පිරවුම්හල	indhana piravumhala	Petrol station
ඉන්න	inna	Wait
ඉඳගන්න	iňdaganna	Sit
ඉබි යතුර	ibi yatura	Padlock
ඉර උදාවීම	ira **udāvī**ma	Sunrise
ඉරිඟු	iriňgu	Corn
ඉල ඇටය	ila æṭaya	Rib
ඉල්ලීම	Il**lī**ma	Ask (request)
ඉවත් කරනවා	Iwath karanawa	Get off (disembark)
ඉවත් වෙනව	ivat venava	Quit
ඉවත්ව යනවා	ivatva yana**vā**	Depart
ඉස්ම	isma	Juice
ඉහත	ihata	Above
ඉහළ (ඉහළ යෑම)	ihaḷa (ihaḷa **yæma**)	High (steep)
ඉහළ යාම	ihaḷa yama	Hike
ඊයේ	**īyē**	Yesterday

Sinhalese	Pronunciation	English
ඊළඟට (ඊලඟ)	īḷaňgaṭa (īlaňga)	Next (ensuing)
උගුර	ugura	Sore
උගුර	Ugura	Throat
උඩ	uḍa	Up
උඩට	uḍaṭa	Uphill
උණ	uṇa	Fever
උණු වතුර	uṇu vatura	Hot water
උණුසුම	uṇusuma	Hot
උණුසුම්	uṇusum	Heated
උණුසුම්	uṇusum	Warm
උත්සවය (සැමරුම)	utsavaya (sæmaruma)	Party (celebration)
උත්සාහ කරන්න (පොදක්)	uts**ā**ha karanna (podak)	Try (sip)
උතුර	utura	North
උද්‍යානය	u**dyā**naya	Park
උදව්ව	udavva	Help
උදෑසන	u**dǣs**ana	Morning
උදුන	uduna	Oven
උදුන	uduna	Stove
උදේ ආහාරය	u**dē āhā**raya	Breakfast
උනන්දුවක් දක්වන	unanduvak dakvana	Interesting
උපදෙස	upadesa	Advice
උපන් දිනය	upan dinaya	Birthday
උපන්දින කේක්	upandina **kē**k	Cake (birthday cake)
උපයා ගන්නවා	upa**yā** ganna**vā**	Earn
උපස්ථායක	upas**thā**yaka	Waiter
උමං මාර්ග (භූගත)	umaṁ **mā**rga (**bhū**gata)	Subway (underground)
උයනවා	uyana**vā**	Cook
උරහිස	urahisa	Shoulder
උලුක්කුව	ulukkuva	Sprain
උෂ්ණත්වමානය	uṣṇatva**mā**naya	Thermometer

Sinhalese	Pronunciation	English
උෂ්ණත්වය (අංශක)	uṣṇatvaya (aṁśaka)	Temperature (degrees)
උෂ්ණත්වය (අධික)	uṣṇatvaya (adhika)	Temperature (feverish)
උස	usa	Tall
උසස් පාසැල	usas **pā**sæla	High school
ඌරා	**ūrā**	Pig
ඌරුමස්	**ū**rumas	Pork
ඍණ	ṛṇa	Negative
එක	eka	One
එක්	ek	Per
එක් පැත්තකට පමණක්	ek pættakaṭa pamaṇak	One-way
එක් රැයකින්	ek ræyakin	Overnight
එකඟයි	ekaṅgayi	Agree
එකම	ekama	Only
එක්ව	ekva	Together
එකවර	ekavara	Lump
එතන	etana	There
එන්න	enna	Come
එලාම් ඔරලෝසුව	el**ā**m oral**ō**suva	Alarm clock
එලිපිට ගින්න	elipiṭa ginna	Campfire
එසේම (අධික)	es**ē**ma (adhika)	Too (excessively)
එසේම (මීට අමතරව)	es**ē**ma (**mī**ṭa amatarava)	Too (additionally)
එහා පැත්තේ	eh**ā** pætt**ē**	Next to
එහෙත්	ehet	But
එළදෙන	eḷadena	Cow
එළවළු	eḷavaḷu	Vegetable
එළවළු ශාකයක්	eḷavaḷu **śā**kayak	Zucchini
ඒ	Ē	It
ඔක්කාරය	ok**kā**raya	Nausea

Sinhalese	Pronunciation	English
ඔක්සිජන්	oksijan	Oxygen
ඔට්ටුව	oṭṭuva	Bet
ඔබ	oba	You
ඔබ	oba	You
ඔබ සාදරයෙන් පිළිගනිමු	oba **sā**darayen piḷiganimu	Welcome
ඔබගේ	oba**gē**	Your
ඔරලෝසුව	ora**lō**suva	Clock
ඔරලෝසුව	ora**lō**suva	Watch
ඔරලෝසුව	ora**lō**suva	Watch
ඔව්	ov	Yes
ඔව්හු	ovhu	They
ඔවුන්ගේ	ovung**ē**	Their
ඔසු	Osu	Herb
ඔසුහල	osuhala	Pharmacy
ඔහු	Ohu	He
ඔහුගේ	ohu**gē**	His
කකුල	kakula	Leg
කටුක	kaṭuka	Bitter
කඩදාසි	kaḍa**dā**si	Paper
කඩදාසිය (කොමු)	kaḍa**dā**siya (komu)	Sheet (linens)
කඩවසම්	kaḍavasam	Handsome
කඩාවඩා ගන්නවා	ka**ḍā**va**ḍā** ganna**vā**	Rip-off
කණ්ඩායම	kaṇ**ḍā**yama	Team
කතා කරන්න	kat**ā** karanna	Talk
කතා කළා	kat**ā** ka**ḷā**	Spoke
කතාව	kat**ā**va	Story
කතුරු	katuru	Scissors
කඳුවැටිය	kaduvæṭiya	Mountain range
කන	kana	Ear
කනගාටුව	kana**gā**ṭuva	Regret
කන්ද	kandha	Hill

Sinhalese	Pronunciation	English
කන්ද	kanda	Mountain
කනවා	kana**vā**	Eat
කනස්සල්ලට පත්ව	kanassallaṭa patva	Worried
කඳවුර	kaňdavura	Camp
කඳවුරු භූමිය	kaňdavuru b**hū**miya	Campsite
කපනවා	kapana**vā**	Cut
කපු	kapu	Cotton
කපු පන්දු	kapu pandu	Cotton balls
කබාය	ka**bā**ya	Coat
කබාය (ලොම් කබාය)	kab**ā**ya (lom kab**ā**ya)	Jumper (cardigan)
කම්මැලි	kammæli	Bored
කම්මැලි	kammæli	Lazy
කමිසය	kamisaya	Shirt
කඹය	kam̆baya	Rope
කර කරන යන්ත්‍රය	kara karana yantraya	Toaster
කරකැවිල්ල දැනෙන	karakævilla dænena	Dizzy
කරන්න	karanna	Make
කරනවා	karana**vā**	Do
කරාමය	kar**ā**maya	Tap
ක්‍රියාකරු	kri**yā**karu	Operator
ක්‍රීඩාව (ඉසව්ව)	**krīḍā**va (isawwa)	Game (event)
ක්‍රීඩාංගණය	**krīḍā**ṁgaṇaya	Stadium
කල නොහැකි	kala nohæki	Impossible
කලා	Ka**lā**	Art
කලාකරු	Ka**lā**karu	Artist
කලින්	kalin	Before
කලින්	kalin	Early
කලිසම් (බුරුල්)	kalisam (burul)	Pants (slacks)
කලු	kalu	Black
කවදා ද	kava**dā** da	When

Sinhalese	Pronunciation	English
කවදාවත් නැති	kava**dā**vat næti	Never
කවුද	kavuda	Who
කවුළුව	kavuḷuva	Window
ක්ෂුද්‍ර තරංග	kṣudra taraṁga	Microwave
කසල	kasala	Garbage
කසල බඳුන	kasala ban̆duna	Garbage can
කහ	kaha	Yellow
කළය (කේතලය)	kaḷaya (**kē**talaya)	Pot (kettle)
කළුකුමා	kaḷuku**mā**	Turkey
කාච	**kā**ca	Lens
කාඩ් කුට්ටම	**kāḍ** kuṭṭama	Cards (playing cards)
කාණ්ඩය	**kāṇḍ**aya	Class (categorize)
කාන්තා	**kā**n**tā**	Female
කාන්තාරය	**kā**n**tā**raya	Desert
කාමර අංකය	**kā**mara aṁkaya	Room number
කාමරය (නවාතැන් පහසුකම්)	**kā**maraya (na**vā**tæn pahasukam)	Room (accommodation)
කාමරය (වාණිජ මණ්ඩලය)	**kā**maraya (**vā**ṇija maṇḍalaya)	Room (chamber)
කාමුක	**kā**muka	Sensual
කාමුක	**kā**muka	Sexy
කායවර්ධන ශාලාව	K**ā**yavardhan **śhālā**va	Gym
කාර්තුව	**kā**rtuva	Quarter
කාර්ය සාධනය	**kā**rya **sā**dhanaya	Performance
කාර්යබහුල	**kā**ryabahula	Busy
කාර්යය	**kā**ryaya	Work
කාර්යාලය	**kā**ry**ā**laya	Office
කාල පරතරය	**kā**la parataraya	Time difference
කාලගුණය	**kā**laguṇaya	Weather
කාලය	K**ā**laya	Time
කාසි	**kā**si	Change (coinage)

Sinhalese	Pronunciation	English
කාසි	**kā**si	Coins
කැඩපත	kæḍapata	Mirror
කැමති	kæmati	Prefer
කැමරාව	kæma**rā**va	Camera
කැරට්	kæraṭ	Carrot
කැරපොත්තා	kærapot**tā**	Cockroach
කැස්ස	kæssa	Cough
කෑගසනව	**kǣ**gasanava	Loud
කෑගැසීම	kǣgæ**sī**ma	Shout
කෑල්ලක්	**kǣ**llak	Piece
කිමිදුම	kimiduma	Diving
කියන්න	nala jalaya	Tell
කියවන්න	kiyavanna	Read
කියවීම	kiya**vī**ma	Reading
කිරි	kiri	Milk
කිරුම් පඩි	kirum paḍi	Weights
කිලෝ ග්‍රෑම්	kil**ō** **grǣ**m	Kilogram
කිලෝමීටරය	kil**ōmī**ṭaraya	Kilometer
කිසිවක් නැත	kisivak næta	Nothing
කිහිපය	kihipaya	Few
කිහිපය	kihipaya	Several
කුකී බිස්කට්	ku**kī** biskaṭ	Cookie
කුකුල් මස්	kukul mas	Chicken
කුට්ටම	kuṭṭama	Pair
කුඩය	kuḍaya	Umbrella
කුඩා	ku**ḍā**	Small
කුඩා අඬුව	ku**ḍā** aṅḍuva	Tweezers
කුඩු	kuḍu	Powder
කුමක්ද	kumakda	What
කුමන	kumana	Which
කුඹල්	kum̆bal	Pottery

Sinhalese	Pronunciation	English
කුරුල්ලා	kurul**lā**	Bird
කුරුසිය	kurusiya	Cross (crucifix)
කුලිය	Kuliya	Hire
කුලිය	kuliya	Rent
කුවිතාන්සිය	kuvi**tā**nsiya	Receipt
කුස්සි උපකරණ	kussi upakaraṇa	Kitchen
කුළුණ	kuḷuṇa	Tower
කූඩය	**kūḍā**ya	Basket
කෘතඥ	kṛtagna	Grateful
කෙරෙහි	kerehi	Towards
කෙලින්	kelin	Straight
කෙස්	Kes	Hair
කෙසෙල්	kesel	Banana
කෙසේද	ke**sē**da	How
කෙළවර (භෙළුම්)	keḷavara (bheḷum)	Tip (tipping)
කොකෝවා	ko**kōvā**	Cocoa
කොට (අඩු)	koṭa (aḍu)	Short (low)
කොට කලිසම්	koṭa kalisam	Shorts
කොට්ට උරය	koṭṭa uraya	Pillowcase
කොට්ටයක්	koṭṭayak	Pillow
කොටස (බෙදාගැනීම)	koṭasa (be**dā**gæ**nī**ma)	Share (sharing)
කොටස (විභාජනය)	koṭasa (vi**bhā**janaya)	Share (allotment)
කොණ්ඩය කැපීම	koṇḍaya kæ**pī**ma	Haircut
කොන්ත්රාṇත්තුව	kon**trā**ttuva	Contract
කොපමණ ද	kopamaṇa da	How much
කොල්ලකෑමට	kolla**kǣ**maṭa	Rob
කොහෙද	koheda	Where
කෝපයෙන්	**kō**payen	Angry
කෝපි	**kō**pi	Coffee
කෞතුකාගාරය	kautu**kāgā**raya	Museum
ගඟ	gaňga	River

Sinhalese	Pronunciation	English
ගණනය කිරීම	gaṇanaya kirīma	Count
ගන්න	ganna	Take
ගම	gama	Village
ගමන් බලපත්‍ර	gaman balapatra	Passport
ගමන් මල්ල	gaman malla	Backpack
ගමන් මල්ල	gaman malla	Luggage
ගමන් මළු	gaman maḷu	Bag
ගමන් මළු හිමිකම්	gaman maḷu himikam	Baggage claim
ගමනාගමනය	gama**nā**gamanaya	Travel
ගම්මිරිස් (ගම්මිරිස්)	gammiris (gammiris)	Pepper (peppery)
ගයන්න	gayanna	Sing
ග්‍රහ ලෝකය	graha **lō**kaya	Planet
ගල	gala	Rock
ගල්	gal	Stone
ගලවාගන්නවා	gala**vā**ganna**vā**	Deliver
ගස්	gas	Tree
ගායකයා	**gā**yaka**yā**	Singer
ගාල් කරනවා (වාහන නැවැත්වීමේ)	**gā**l karana**vā** (**vā**hana nævæt**vīmē**)	Park (parking)
ගාස්තුව	**gā**stuva	Fare
ගැටුම	gæṭuma	Crash
ගැන	gæna	About
ගැන සොයා බලන්න	gæna so**yā** balanna	Look for
ගැබිනි	gæbini	Pregnant
ගැඹුරු	gæm̆buru	Deep
ගෑස් (ගැසොලින්)	**Gǣ**s(	Gas (gasoline)
ගෑරුප්පුව	**gǣ**ruppuva	Fork
ගිටාරය	giṭ**ā**raya	Guitar
ගිණුම	giṇuma	Account
ගිනි	gini	Fire (heated)
ගිනි අවිය	gini aviya	Gun

Sinhalese	Pronunciation	English
ගිනිකූරු (ගිනි පෙට්ටිය)	gini**kū**ru (gini peṭṭiya)	Matches (matchbox)
ගිම්හාන	gim**hā**na	Summer
ගීතය	**gī**taya	Song
ගුණාත්මකභාවය	gu**ṇā**tmaka**bhā**vaya	Quality
ගුරුවරයා	guruvara**yā**	Teacher
ගුවන් තොටුපල	guvan toṭupala	Airport
ගුවන් ප්‍රවාහන සමාගම	guvan pravāhana sa**mā**gama	Airline
ගුවන් යානය	guvan **yā**naya	Airplane
ගුවන් යානය	guvan **yā**naya	Plane
ගුවන් විදුලිය	guvan viduliya	Radio
ගෘහභාණ්ඩ	gṛha**bhā**ṇṅa	Furniture
ගෘහස්ථ	gṛhastha	Indoor
ගෙදර	Gedara	Home
ගෙල	gela	Neck
ගෙවීම	ge**vī**ma	Payment
ගේට්ටුව(ගුවන්තොටුපොල)	**gē**ṭṭuva	Gate (airport)
ගේනවා	**gē**navā	Bring
ගොඩ වෙනවා (පිටරට තරණය)	goḍa vena**vā** (piṭaraṭa taraṇaya)	Board (climb aboard)
ගොඩක්	goḍak	(A) Lot
ගොඩනගන්නා	goḍanagan**nā**	Builder
ගොඩනගනවා	goḍanagana**vā**	Build
ගොඩනැගිල්ල	goḍanægilla	Building
ගොවිපල	govipala	Farm
ගොළු	goḷu	Mute
ගෝස්	**gō**s	Gauze
ඝන	ghana	Thick
ඝන කමිසය	ghana kamisaya	Sweater
ඝාතනය	**ghā**tanaya	Murder
ඝෝෂාකාරී	**ghōṣākārī**	Noisy

Sinhalese	Pronunciation	English
චක්‍රය	cakraya	Cycle
චතුරශ්‍රය (නගරය මැද)	chaturaśraya (nagaraya mæda)	Square (town center)
චාරිකාව	**cārikā**va	Tour
චිත්‍ර ශිල්පියා	citra śilpi**yā**	Painter
චිත්‍රපටය	citrapaṭaya	Movie
චිත්‍රාගාරය	cit**rāgā**raya	Studio
චීස්	**cīs**	Cheese
චෙක්පත් තැන්පතු	cekpat tænpatu	Cash (deposit a check)
චෙරි	ceri	Cherry
චොකලට්	cokalaṭ	Chocolate
ඡන්ද	canda	Vote
ඡායා රූප	**chāyā** r**ū**pa	Photo
ඡායාරූප ගන්න	**chāyārū**pa ganna	Take photos
ඡායාරූප ශිල්පී	**chāyārū**pa śil**pī**	Photographer
ඡායාව (සෙවන සහිත)	**Chāyā**va (sevana sahita)	Shade (shady)
ජංගම දුරකථනය	jaṁgama durakathanaya	Cell phone
ජංගම දුරකථනය	jaṁgama durakathanaya	Mobile phone
ජනප්‍රිය	janapriya	Popular
ජනාකීර්ණ	ja**nākī**rṇa	Crowded
ජයග්‍රාහකයා	jaya**grā**haka**yā**	Winner
ජැකෙට්ටුව	jækeṭṭuva	Jacket
ජීප් රථය	jīp rathaya	Jeep
ජීවත් වන (අයිති)	jīvat vana (ayiti)	Live (occupy)
ජීවිතය	jīvitaya	Life
ටයරය	ṭayaraya	Tire
ට්‍රක් රථ	ṭrak ratha	Truck
ට්‍රැkම් රථය	ṭræm rathaya	Tram
ට්‍රෝයි (උත්සාහය)	**ṭrō**yi (uts**ā**haya)	Try (trying)

Sinhalese	Pronunciation	English
ටිකක් (කිහිපයක්)	ṭikak (kihipayak)	Little (few)
ටිකට්	ṭikaṭ	Ticket
ටින් (ඇලුමිනියම් කෑනය)	ṭin (æluminiyam **kǣ**naya)	Tin (aluminium can)
ටී.වී.	**ṭī.vī**.	TV
ටී-කමිසය	**ṭī** - kamisaya	T-shirt
ටෝස්ට් (ටෝස්ට් කිරීම)	**ṭō**sṭ (**ṭō**sṭ kirīma)	Toast (toasting)
ඩියෝඩරන්ට්	ḍi**yō**ḍranṭ	Deodorant
ණය	ṇaya	Credit
ණය පත	ṇaya pata	Credit card
ණයට ගන්නවා	ṇayaṭa ganna**vā**	Borrow
තක්කාලි	tak**kā**li	Tomato
තත්	tat	String
තද	tada	Heavy
තද නිල්	tada nil	Blue (dark blue)
තදබදය	tadabadaya	Traffic
තනපට	tanapaṭa	Bra
තනි (කේවල)	tani (**kē**vala)	Single (individual)
තනිවම	tanivama	Alone
ත්යාගය	thyaagaya	Gift
තරගාවලිය	tara**gā**valiya	Meet
තරඟය (ධාවන)	taraňgaya (**dhā**vana)	Race (running)
තරුණ	taruṇa	Young
තරුව	taruva	Star
තල්ලුව	talluva	Push
තව	tava	More
තවත්	tavat	Another
තවද	tavada	Also
තවමත් (නෑ)	tavamat (nǣ)	(Not) yet
තහඩුව	tahaḍuva	Plate
තාච්චිය	**tā**cciya	Frying pan

Sinhalese	Pronunciation	English
තාත්තා	**tā**t**tā**	Dad
තාපකය	**tā**pakaya	Heater
තාපය	**Tā**paya	Heat
තාරාවා	**tārāvā**	Duck
තැන්පතු	tænpatu	Deposit
තැපැල් (තැපැල් කිරීම)	tæpæl (tæpæl kirīma)	Mail (mailing)
තැපැල් කාර්යාලය	tæpæl **kā**ry**ā**laya	Post office
තැපැල් පෙට්ටිය	tæpæl peṭṭiya	Mailbox
තැපැල්පත	tæpælpata	Postcard
තැඹිලි (වර්ණ)	tæm̆bili (varṇa)	Orange (color)
තිබෙනවා	Tibenavā	Have
තීරණය කරනවා	**tī**raṇaya karana**vā**	Decide
තුඩ	tuḍa	Point
තුන්වන	tunvana	Third
තුරු	turu	Until
තුල	Thula	Inside
තුල (තෙක්)	tula (tek)	Within (until)
තුවා	tu**vā**	Napkin
තුවාය	tu**vā**ya	Towel
තුවාල	Tu**vā**la	Injury
තුවාලය	tu**vā**laya	Hurt
තුළ	tuḷa	In
තෘණ	tṛuṇa	Grass
තෙත්	tet	Wet
තෙතමනය	Tetamanaya	Humid
තෙල් (තෙල් සහිත)	thel (thel sahita)	Oil (oily)
තේ	**tē**	Tea
තේ හැන්ද	**tē** hænda	Teaspoon
තේරෙනවා	**tē**rena**vā**	Understand
තොප්පිය	Thoppiya	Hat
තොරව	torava	Without

Sinhalese	Pronunciation	English
තොල්	tol	Lips
තොල් සායම්	tol **sā**yam	Lipstick
තෝරා ගන්නවා	**tōrā** ganna**vā**	Choose
දක්වා	dak**vā**	To
දකුණ	dakuṇa	South
දණහිස	daṇahisa	Knee
දත	data	Tooth
දත්	dat	Teeth
දත් බුරුසුව	dat burusuva	Toothbrush
දන්ත වෛද්යvවරයා	danta vaidyavara**yā**	Dentist
දන්තාලේප	dan**tālē**pa	Toothpaste
දරිද්රතා	daridra**tā**	Poverty
දරුණු	daruṇu	Terrible
දරුවන්	daruvan	Children
දවස	davasa	Day
ද්විත්ව	dvitva	Double
ද්විත්ව ඇඳ	dvitva æn̆da	Double bed
ද්විත්ව කාමරය	dvitva **kā**maraya	Double room
දහවල	dahavala	Midday
දහවල්	dahaval	Noon
දැකීම	dæ**kī**ma	View
දැඩි	dæḍi	Tight
දැඩිව තැම්බූ	dæḍiwa tæm**bū**	Hard-boiled
දැන	dæna	Know
දැන්	dæn	Now
දැනටමත්	dænaṭamat	Already
දැනෙනවා	dænena**vā**	Feel (touching)
දැරිය	daeriya	Girl
දැල	dæla	Net
දැව	dæva	Wood
දැළි	dæḷi	Razor

Sinhalese	Pronunciation	English
දිගු	digu	Long
දිඟු පාගමන්	dĩngu **pā**gaman	Hiking
දිනපතා	dinapa**tā**	Daily
දිනපොත	dinapota	Diary
දිනය (නිශ්චිත දිනය)	dinaya (niścita dinaya)	Date (specific day)
දිනය (වැදගත් දැනුම්දීම්)	dinaya (vædagat dænumdīm)	Date (important notice)
දිනය (සහයෝගී වූ)	dinaya (sahayōgī vū)	Date (companion)
දිනුම	dinuma	Win
දිය කාන්දු නොවන	diya **kā**ndu novana	Waterproof
දියණිය	diyaṇiya	Daughter
දිවයින	Divayina	Island
දිවා ආහාරය	di**vā āhā**raya	Lunch
දිශාව	di**śā**va	Direction
දීසිය	**dī**siya	Dish
දුක	duka	Sad
දුප්පත්	duppat	Poor
දුම	duma	Smoke
දුම් නොබොන	dum nobona	Nonsmoking
දුම්කොළ	dumkoḷa	Tobacco
දුම්රිය	dumriya	Train
දුම්රිය ස්ථානය	dumriya **sthā**naya	Train station
දුඹුරු	duṁburu	Brown
දුර දිග නොබලා	dura diga noba**lā**	Rash
දුරකථන ඇමතුම	durakathana æmatuma	Call (telephone call)
දුරකථන පොත	durakathana pota	Phone book
දුරකථනය	durakathanaya	Telephone
දුර්ලභ (අද්විතීය)	durlabha (advi**tī**ya)	Rare (unique)
දුර්ලභ (විදේශීය)	durlabha (vi**dēśī**ya)	Rare (exotic)
දුරස්ථ	durastha	Remote

Sinhalese	Pronunciation	English
දුවනවා	duvana**vā**	Run
දුෂ්කර	duşkara	Difficult
දූෂණය	**dūṣ**aṇaya	Pollution
දෘඪ (සමාගම්)	dṛuḍha (sa**mā**gam)	Hard (firm)
දෙක	deka	Two
දෙකම	dekama	Both
දෙන්න	denna	Give
දෙමාපියන්	de**mā**piyan	Parents
දෙවන (අවස්ථාව)	devana (avast**hā**va)	Second (moment)
දෙව්මැදුර	devmædura	Cathedral
දෙවරක්	devarak	Twice
දෙවැනි	devæni	Second
දෙවියන් වහන්සේ (දේවත්වය)	deviyan vahan**sē** (**dē**vatvaya	God (deity)
දෙහි	dehi	Lemon
දෙහි	dehi	Lime
දේශපාලනය	**dē**śa**pā**lanaya	Politics
දේශීය	**dēśī**ya	Local
දොඩම් (දෙහි ස්වල්පයක්)	doḍam (dehi svalpayak)	Orange (citrus)
දොර	dora	Door
ධනවත්	dhanavat	Wealthy
ධනාත්මක	dha**nā**tmaka	Positive
ධාතූන් වහන්සේ	**dhātū**n vahan**sē**	Relic
ධාන්‍ය	**dhā**nya	Cereal
නගර මධ්‍යnය	nagara madhyaya	City center
නගරය	nagaraya	City
නගිනවා	nagina**vā**	Climb
නටබුන්	naṭabun	Ruins
නත්තල	nattala	Christmas
නතර කිරීම (වැළකීම)	natara ki**rī**ma (væḷa**kī** ma)	Stop (avoid)

Sinhalese	Pronunciation	English
නම්	Nam	If
නම (අර්ධයෙන් යුත්)	nama (ardhayen yut)	Name (moniker)
නම (කාලීන)	nama (**kālī**na)	Name (term)
නම (වාසගම)	nama (**vā**sagama)	Name (surname)
නරක	naraka	Bad
නරක් වූ (කුනු වූ)	narak **vū** (kunu **vū**)	Spoiled (rotten)
නර්තනය	nartana	Dance
නල ජලය	nala jalaya	Tap water
නවතින්න (නැවතුම්පොළ)	navatinna (nævatumpoḷa)	Stop (station)
නාද කරන්න (නාද)	**nā**da karanna (n**ā**da)	Ring (ringing)
නාන ඇඳුම	**nā**na æňduma	Bathing suit
නාන කාමරය	**nā**na **kā**maraya	Bathroom
නානවා	**nā**nava	Bath
නායක	**nā**yaka	Leader
නාසය	**nā**saya	Nose
නැගෙනහිර	nægenahira	East
නැටුම් නැටීම	næṭum næ**ṭī**ma	Dancing
නැත	næta	No
නැත	næta	Not
නැති වෙනවා	næti vena**vā**	Go out
නැන්දම්මා	nændam**mā**	Mother-in-law
නැව	næva	Ship
නැව් සංචාරය	næv saṁ**cā**raya	Cruise
නැවතීම් ශාලාව	næva**tī**m **śālā**va	Waiting room
නැවතීමේ අවසර පත්‍ර ය	næva**tīmē** avasara patraya	Boarding pass
නැවතුම (නතර කිරීම)	nævatuma (natara ki**rī**ma)	Stop (halt)
නැවුම්	nævum	Fresh
නිදනකාමරය	nidana**kā**maraya	Bedroom
නිදහස්	nidahas	Free (at liberty)
නින්ද	ninda	Sleep

Sinhalese	Pronunciation	English
නිදිමත වූ	niňdimata **vū**	Sleepy
නියපොතු කපනය	niyapotu kapanaya	Nail clippers
නියම්ගම	niyamgama	Suburb
නියෝග	ni**yō**ga	Order
නියෝග	ni**yō**ga	Order
නිර්දේශ කිරීම	nir**dē**śa ki**rī**ma	Recomment
නිර්භීත	nir**bhī**ta	Brave
නිර්මාංශ	nir**mā**ṁśa	Vegeterian
නිරූපණ (රංග)	ni**rū**paṇa (raṁga)	Play (theatrical)
නිවස	Nivasa	House
නිවාඩු දින	ni**vā**ḍu dina	Holidays
නිවාඩු දිනය	ni**vā**ḍu dinaya	Holiday
නිවාඩුව	ni**vā**ḍuva	Vacation
නිවිති	niviti	Spinach
නිවුන්නු	nivunnu	Twins
නිෂ්පාදනය	niṣ**pā**danaya	Produce
නිසා	ni**sā**	Because
නිහඬව	nihaňḍava	Quiet
නීතිඥයා	**nī**tignay**ā**	Lawyer
නීතිමය	**nī**timaya	Legal
නීතිය (අනු දැනුම)	**nī**tiya (anu dænuma)	Law (edict)
නීරස	**nī**rasa	Boring
නූතන	**nū**tana	Modern
නොමිලේ	nomi**lē**	Free (no cost)
නොවන	novana	None
පංගුව	paṁguva	Snack
පක්ෂය (දේශපාලන)	pakṣaya (**dē**śa**pā**lana)	Party (political)
පටක	paṭaka	Tissues
පටිගත කරනව (සංගීතය)	paṭigata karanava (saṁ**gī**taya)	Record (music)
පණිවුඩය	paṇivuḍaya	Message

Sinhalese	Pronunciation	English
පතිවිරුද්ධ (නිවස මත)	pativiruddha (nivasa mata)	Complimentary (on the house)
පථය (ධාවන)	pathaya (**dhā**vana)	Track (racing)
පදවනවා	padavana**vā**	Drive
පදිකයා	padika**yā**	Pedestrian
පන්දුව (ක්රී ඩා)	panduva (**krīḍā**)	Ball (sports)
පනාව	pa**nā**va	Comb
පපුව	papuva	Chest (torso)
පයි	payi	Pie
ප්රiතික්ෂේප	pratik**ṣē**pa	Refuse
ප්රuතිචක්රීකරණය	praticak**rī**karaṇaya	Recycle
ප්රතිමාව	prati**mā**va	Statue
ප්රතිවිරුද්ධ	prativiruddha	Opposite
ප්ර0ථමාධාර කට්ටලය	pratha**mādhā**ra kaṭṭalaya	First-aid kit
ප්රධාන	pra**dhā**na	Main
ප්රධාන පාර	pra**dhā**na **pā**ra	Mainroad
ප්රnමාණය (කාලගුණය)	pra**mā**ṇaya (**kā**laguṇaya)	Degrees (weather)
ප්රමාණය (ප්රමාණය)	pra**mā**ṇaya (pra**mā**ṇaya)	Size (extent)
ප්රeමාදය	pra**mā**daya	Delay
ප්රaයෝජනවත්	pra**yō**janavat	Useful
ප්රවාහන	pra**vā**hana	Transport
පරවියා	paravi**yā**	Pigeon
ප්රශ්න ඇසීම	praśna æ**sī**ma	Ask (questinoning)
ප්රශ්නය	praśnaya	Question
ප්රsසංගය	prasaṁgaya	Concert
ප්රcසිද්ධ	prasiddha	Famous
පරිගණකය	parigaṇakaya	Computer
පරිපූර්ණ	pari**pū**rṇa	Perfect
පරිවර්තනය	parivartanaya	Translation
පරිවර්තනය කිරීම	parivartanaya ki**rī**ma	Translate

Sinhalese	Pronunciation	English
ප්‍රේමාන්විත	**prēmā**nvita	Romantic
ප්ලග් (ඇබය)	plag (æbaya)	Plug (stopper)
ප්ලග් (පේනු)	plag (**pē**nu)	Plug (socket)
පලතුරු	palaturu	Fruit
පලමු	palamu	First
පල්ලම	pallama	Downhill
ප්ලාස්ටික්	**plā**sṭik	Plastic
පවසන්න	pavasanna	Say
පවුම් (අවුන්ස)	pavum (avunsa)	Pound (ounces)
පවුල	pavula	Family
පසු	pasu	After
පසුගිය (කූටප්‍රාප්තිය)	pasugiya (**kū**ṭa**prā**ptiya)	Last (finale)
පසුගිය (පෙර)	pasugiya (pera)	Past (ago)
පසුගිය (මීට පෙර)	pasugiya (**mī**ṭa pera)	Last (previously)
පසුපස (පිටුපස)	pasupasa (piṭupasa)	Rear (behind)
පසුම්බිය	pasumbiya	Purse
පසෙකින්	pasekin	Beside
පහත	pahata	Below
පහසු	pahasu	Easy
පහළ	pahaḷa	Down
පහළ (තට්ටම)	pahaḷa (taṭṭama)	Bottom (butt)
පහළ (පහළ මත)	pahaḷa (pahaḷa mata)	Bottom (on bottom)
පළඳින්න	paḷa̐ndinna	Wear
පාඟිල්ල	**pā̐**ngilla	Toe
පාචනය	**pā**canaya	Diarrhea
පාට, දම් පාට	**pā**ṭa, dam **pā**ṭa	Purple
පාන්	**pā**n	Bread
පාපැදි පැදීම	**pā**pædi pæ**dī**ma	Cycling
පාපැදිකරුවා	**pā**pædikaræ**vā**	Cyclist
පාපැදිය	**pā**pædiya	Bicycle

Sinhalese	Pronunciation	English
පාර	**pā**ra	Road
පාලනය	**pā**lanaya	Rule
පාලම	**pā**lama	Bridge
පාවහන්	**pā**vahan	Sandal
පාවහන්	**pā**vahan	Shoes
පාසල	**pā**sala	School
පැකට්ටුව	pækaṭṭuva	Packet
පැණි කොමඩු	pæṇi komaḍu	Watermelon
පැත්ත	pætta	Side
පැතලි	pætali	Flat
පැන්සල	pænsala	Pencil
පැමිණිල්ල	pæmiṇilla	Complain
පැමිණීම	pæmi**ṇī**ma	Arrivals
පැමිණෙන්න	pæmiṇenna	Arrive
පැය	Pæya	Hour
පැරණි	pæræṇi	Old
පෑන	**pǣ**na	Pen
පෑන්	**pǣ**n	Pan
පිටත	piṭata	Outside
පිටතට	piṭataṭa	Put
පිටරට	piṭaraṭa	Aboard
පිටවී යාම	piṭava **yā**ma	Departure
පිටව යාමේ දොරටුව	piṭava **yāmē** doraṭuva	Departure gate
පිටවීම	piṭa**vī**ma	Exit
පිටි	piṭi	Flour
පිටුපස	piṭupasa	Behind
පිටුපස (ශරීරයේ)	piṭupasa (śa**rī**ra**yē**)	Back (body)
පිටුව	piṭuva	Page
පිපාසය (වියළි)	pi**pā**saya (viyaḷi)	Thirsty (parched)
පියවර	piyavara	Step

Sinhalese	Pronunciation	English
පියාසර කරනවා	piyāsara karanavā	Fly
පිරිමි ළමයා	pirimi ḷamayā	Boy
පිරිසිදු	pirisidu	Clean
පිරිසිදු කරනවා	pirisidu karanavā	Cleaning
පිවිසුම	pivisuma	Entry
පිස්සු	pissu	Crazy
පිහිනුම්	pihinum	Swim
පිහිනුම් ඇඳුම	pihinum ændduma	Swimsuit
පිහිනුම් තටාකය	pihinum taṭākaya	Swiming pool
පිහිය	pihiya	Knife
පිළිතුර	piḷitura	Answer
පිළිස්සුම	piḷissuma	Burn
පීච්	pīc	Peach
පීඩනය	pīḍanaya	Pressure
පුංචි (ඉතා කුඩා)	puṁci (itā kuḍā)	Little (tiny)
පුටුව	puṭuva	Chair
පුතා	putā	Son
පුද්ගලයා	pudgalayā	Person
පුද්ගලික	pudgalika	Private
පුදුම	puduma	Wonderful
පුරවනවා	puravannavā	Fill
පුරාණ	purāṇa	Ancient
පුරාවස්තුව	purāvastuva	Antique
පුලුවන්	puluvan	Can (have the ability)
පුවත්	puvat	News
පුවත්පත	puvatpata	Newspaper
පුස්තකාලය	pustakālaya	Library
පුළුල්	puḷul	Wide
පූජකයා	pūjakayā	Priest
පූර්ණ	pūrṇa	Full

Sinhalese	Pronunciation	English
පූර්ණ කාලීන	pūrṇa kālīna	Full-time
පූසා	pūsā	Cat
පෙට්ටිය	peṭṭiya	Box
පෙත්ත	petta	Pill
පෙත්ත	petta	Slice
පෙති	peti	Steak
පෙන්වන්න	penvanna	Show
පෙන්වන්න	penvanna	Show
පෙම්වතා	pemvatā	Boyfriend
පෙම්වතිය	pemvatiya	Girlfriend
පෙයා	peyā	Pear
පෙර	pera	Ago
පෙරේදා	perēdā	Day before yesterday
පේළිය	pēḷiya	Aisle
පොකට්	pokaṭ	Pocket
පොත	pota	Book
පොත්හල	pothala	Bookshop
පොම්පය	pompaya	Pump
පොරවනය	poravanaya	Blanket
පොරොන්දුව	poronduva	Promise
පොලිස් නිලධාරියා	polis niladhāriyā	Police officer
පොලිස් ස්ථානය	polis sthānaya	Police station
පොලිසිය	polisiya	Police
පොහොසත් (සමෘද්ධිමත්)	pohosat (samṛddhimat)	Rich (prosperous)
පෝලිම	pōlima	Queue
බටර්	baṭar	Butter
බටහිර	baṭahira	West
බඩ	Bada	Stomach
බඩගින්න(හාමතේ සිටි)	baḍaginna(haamathe siti)	Hungry (famished)

Sinhalese	Pronunciation	English
බඩු මිටිය	baḍu miṭiya	Package
බඩුබාහිර	baḍubāhira	Baggage
බඩේ අමාරුව	baḍē amāruva	Stomach ache
බදිනවා	badinavā	Fry
බන්ධනාගාරය	bandhanāgāraya	Prison
බඳින්න	bañdinna	Marry
බර	bara	Weigh
බර	bara	Weight
බරපතල	barapatala	Serious
බලන්න	balanna	See
බලන්න,	balanna,	Look
බලය	balaya	Power
බල්ලා	ballā	Dog
බල්ලා සපා කෑම	ballā sapā kæma	Bite (dog bite)
බස් නැවතුම	bas nævatuma	Bus stop
බස් නැවතුම්පල	bas nævatumpala	Bus station
බස් රථය	bas rathaya	Bus
බාල්දිය	bāldiya	Bucket
බැංකු ගිණුම	bæṁku giṇuma	Bank account
බැංකුව	bæṁkuva	Bank
බැටරිය	bæṭariya	Battery
බිත්තරය	bittaraya	Egg
බිඳ	biñda	Broken (breaking)
බිඳෙන සුලු	biñdena sulu	Fragile
බියර්	biyar	Beer
බියර් බෝතල් විවෘතකය	biyar bōtal vivṛtakaya	Bottle opener (beer)
බිරිඳ	biriñda	Wife
බිලිඳකු	biliñdaku	Babysitter
බිහිරි	bihiri	Deaf
බීම	bīma	Drink
බීමත්ව	bīmatva	Drunk

Sinhalese	Pronunciation	English
බුරුසුව	burusuva	Brush
බූට් සපත්තුව	**bū**ṭ sapattuva	Boots (shoes)
බෙදා දෙනවා	be**dā** dena**vā**	Deal (card dealer)
බෙර	bera	Drums
බෙහෙත් වට්ටෝරුව	behet vaṭṭ**ō**ruva	Prescription
බේකන්	**bē**kan	Bacon
බේකරිය	**bē**kariya	Bakery
බොන්න (බීම)	bonna (**bī**ma)	Drink (beverage)
බොන්න (මද්‍යසාර පානය)	bonna (madya**sā**ra **pā**naya)	Drink (cocktail)
බොරුකාරයා	boru**kā**ra**yā**	Liar
බොරුව (බොරු)	boruva (boru)	Lie (lying)
බොරුව(බොරු)	boruva(boru)	Lie (falsehood)
බොහෝ	boh**ō**	Many
බොහෝ විට	boh**ō** viṭa	Often
බෝට්ටුව	**bō**ṭṭuva	Boat
බෝතලය	**bō**talya	Bottle
භය	bhaya	Afraid
භයානක	bha**yā**naka	Dangerous
භාජනය	bh**ā**janaya	Jar
භාෂාව	**bhāṣā**va	Language
හෙම්බත්	bhembat	Tired
මංගල කේක්	maṁgala **kē**k	Cake (wedding cake)
මංපෙත	maṁpeta	Trail
මකුණා	maku**ṇā**	Bug
මග (මාර්ගය)	maga (**mā**rgaya)	Track (pathway)
මගහැරිම (අනතුරකින්)	magahærima (anaturakin)	Miss (mishap)
මගියා	magi**yā**	Passenger
මගේ	mag**ē**	My
මඩ	maḍa	Mud

Sinhalese	Pronunciation	English
මත	mahta	On
මත්පැන්	matpæn	Alcohol
මත්පැන්	matpæn	Cocktail
මත්පැන් ගබඩා	matpæn gabaḍā	Liquor store
මතය	mataya	Opinion
මදුරුව	maduruva	Mosquito
මධ්‍යම රාත්‍රිය	madhyama **rā**triya	Midnight
මන්ද	manda	Why
මන්දගාමී	manda**gāmī**	Slow
මම කරන්නම්	mama karannam	Ill
මරණය	maraṇaya	Die
මල	mala	Flower
මව	mava	Mother
මස්	mas	Meat
මහජන වැසිකිළියක්	mahajana væsikiḷiyak	Public toilet
මහතා.	mahatā.	Mr.
මහනවා	mahana**vā**	Sew
මහල (බුමුතුරුණු එළීම)	mahala (bumuturuṇu eḷīma)	Floor (carpeting)
මහල (මට්ටම)	mahala (maṭṭama)	Floor (level)
මහල් නිවාසය	mahal ni**vā**saya	Apartment
මහා	ma**hā**	Big
මහා	ma**hā**	Large
මහා (පුදුම)	ma**hā** (puduma)	Great (wonderful)
මා	**mā**	Me
මාංශ පේශි	**mā**ṁśa **pē**śi	Muscle
මායිම	**mā**yima	Border
මාර්ග සංඥා	**mā**rga saṁg**nā**	Traffic light
මාර්ගය	**mā**rgaya	Path
මාර්ගයේ	**mā**rga**yē**	Route
මාරු (මාරු සල්ලි)	**mā**ru (māru salli)	Change (pocket change)

Sinhalese	Pronunciation	English
මාලය	**mā**laya	Necklace
මාලිගය	**mā**ligaya	Castle
මාලිමාව	**mā**li**mā**va	Compass
මාසික	**mā**sika	Month
මාළුවා	**mā**ḷu**vā**	Fish
මැණික් කටුව	mæṇik kaṭuva	Wrist
මැද	mæda	Center
මැදිරිය	mædiriya	Carriage
මැරුණු	mæruṇu	Dead
මැලියම්	mæliyam	Glue
මෑතකදී	**mǣ**takad**ī**	Recently
මිණිපිරිය	miṇipiriya	Granddaughter
මිතුරා	mitu**rā**	Friend
මිනිත්තුව(මොහොතේ)	minittuva(mohot**ē**)	Minute (moment)
මිනිස්සු	minissu	People
මිනිසා	minis**ā**	Man
මිනීවළ	minivaḷa	Grave
මිය / මෙනවිය	miya / menaviya	Mrs./Ms
මිල	mila	Price
මිල අධික	mila adhika	Expensive
මිලට ගන්නවා	milaṭa gannavā	Buy
මිලිමීටර	mili**mī**ṭara	Millimeter
මිහිරි	mihiri	Sweet
මී පැණි	**mī** pæṇi	Honey
මීටර	**mī**ṭara	Meter
මීදුමෙන් වැසුණු	**mī**dumen væsuṇu	Foggy
මීයා	**mīyā**	Mouse
මීයා	**mīyā**	Rat
මුඛය	mukhaya	Mouth
මුද්ද (කෙළිබඩුව)	mudda (keḷibaḍuva)	Ring (bauble)
මුද්දරය	muddaraya	Stamp

Sinhalese	Pronunciation	English
මුද්‍රණ යන්ත්‍රය (මුදණය)	mudraṇa yantraya (mudaṇaya)	Printer (printing)
මුදල	mudala	Money
මුදල්	mudal	Cash
මුදල් අයකැමි	mudal ayakæmi	Cashier
මුනුපුරා	Munupur**ā**	Grandson
මුරණ්ඩු	muraṇḍu	Stubborn
මුරිච්චිය	muricciya	Nut
මුල්	mul	Original
මුල්ල	mulla	Corner
මුහුණ	muhuṇa	Face
මුහුද	muhuda	Sea
මෘදු-බීම	mṛdu-**bī**ma	Soft-drink
මෙට්ට	meṭṭa	Mattress
මෙන්	men	Like
මෙනවිය (කාන්තාව)	menaviya (**kā**nt**ā**va)	Miss (lady)
මෙහි	Mehi	Here
මෙහෙයුම (ක්‍රියාවලිය)	meheyuma (kri**yā**valiya)	Operation (process)
මේක (එක)	m**ē**ka (eka)	This (one)
මේදය	**mē**daya	Fat
මේස්	**mēs**	Socks
මේස රෙද්ද	**mē**sa redda	Tablecloth
මේසය	**mē**saya	Table
මෝටර් බෝට්ටුව	**mō**ṭar **bō**ṭṭuva	Motorboat
මෝටර් රථය	**mō**ṭar rathaya	Car
මෝඩ	**mō**ḍa	Stupid
මෝඩයා	**mō**ḍaya	Idiot
යට ඇඳුම	yaṭa æ̆nduma	Underwear
යතුර	yatura	Key
යතුරු පැදිය	yaturu pædiya	Bike
යතුරු පැදියක්	yaturu pædiyak	Motorbike

Sinhalese	Pronunciation	English
යතුරු පුවරුව	yaturu puvaruva	Keyboard
යන්ත්‍රය	yantraya	Machine
යන්න (ඇවිදගෙන)	yanna (ævidagena)	Go (walk)
යන්න (ධාවකය)	yanna (**dhā**vakaya)	Go (drive)
යම් කෙනෙක්	yam kenek	Someone
යමක්	yamak	Something
යවන්න	yavanna	Send
යහපත	yahapata	Good
යාච්ඤාව	**yācñā**va	Prayer
යුද	yuda	Military
යුද්ධය	yuddhaya	War
යූරෝ	yu**rō**	Euro
යොදය	yodaya	Cream (creamy)
රඟහල	raňgahala	Theater
රජ	raja	King
රට	raṭa	Country
රටකජු	raṭakaju	Peanut
රතු පාට	ratu **pā**ṭa	Red
රන්	ran	Gold
රම්	ram	Rum
රසවත්	rasavat	Tasty
රළ	raḷa	Surf
රාත්‍රිt ආහාරය	**rātrī āhā**raya	Dinner
රාත්‍රී සමාජ ශාලාව	**rātrī** sa**mā**ja **śālā**va	Nightclub
රාස්බෙරි	**rā**sberi	Raspberry
රැකබලා ගන්නවා	rækaba**lā** gannavā	Care for
රැකියාව	ræki**yā**va	Appointment
රැකියාව	raeki**yā**va	Job
රැගෙන යන්වා	rægena yana**vā**	Carry
රැජින	ræjina	Queen
රැඳී සිටින්න (සිටින්න)	ræň**dī** siṭinna (siṭinna)	Stay (sleepover)

Sinhalese	Pronunciation	English
රැල්ල	rælla	Wave
රැවුල කැපීම	rævula kæ**pī**ma	Shave
රැවුල කැපීමේ ආලේපනය	rævula kæ**pīmē** **ālē**panaya	Shaving cream
රැස්වීම	ræs**vī**ma	Meeting
රෑ	**rǣ**	Night
රිද්මය	ridmaya	Rhythm
රිදී	ri**dī**	Silver
රූගත කිරීම්	**rū**gata ki**rī**m	Shoot
රූපවාහිනීය	**rū**pa**vā**hi**nī**ya	Television
රෙදි සෝදන යන්ත්‍රāය	redi **sō**dana yantraya	Washing machine
රෙදි සෝදනවා	redi **sō**dana**vā**	Wash cloth
රේගු	**rē**gu	Custom
රේඩියේටරය	**rē**ḍi**yē**ṭaraya	Radiator
රෝද පුටුව	rōda puṭuva	Wheelchair
රෝදය	**rō**daya	Wheel
රෝස පාට	**rō**sa **pā**ṭa	Pink
රෝහල	**Rō**hala	Hospital
ලකුණ	lakuṇa	Sign
ලකුණ (අත්සන)	lakuṇa (atsana)	Sign (signature)
ලග්නය	lagnaya	Star sign
ලබාගන්නවා	la**bā**gannwa	Get
ලස්සන	lassana	Beautiful
ලස්සන	lassana	Nice
ලස්සන	lassana	Pretty
ලා නිල්	**lā** nil	Blue (light blue)
ලාභ	**lā**bha	Cheap
ලාභය	**lā**bhaya	Profit
ලැගුම්හල	lægumhala	Motel
ලැජ්ජාව	læ**jjā**va	Shy
ලැප්ටොප් පරිගණකය	læpṭop parigaṇakaya	Laptop
ලිංගභේදය	liṁga**bhē**daya	Sex

Sinhalese	Pronunciation	English
ලිපිනය	lipinaya	Address
ලිපිය (ලියුම් කවරයක්)	lipiya (liyum kavarayak)	Letter (envelope)
ලියන්න	liyanna	Write
ලුණු	luṇu	Salt
ලෙමනේඩ්	lemanēḍ	Lemonade
ලේ	lē	Blood
ලේඛකයා	lēkhakayā	Writer
ලේඛන කටයුතු	**lē**khana kaṭayutu	Paperwork
ලේන්සුව	**Lē**nsuva	Handkerchief
ලේස්	**lē**s	Lace
ලොම්	lom	Wool
ලෝකය	**lō**kaya	World
ලෝහ	**lō**ha	Metal
වංචා කරනවා	vaṁ**cā** karana**vā**	Cheat
වගේ (පැණිරස)	vag**ē** (pæṇirasa)	Kind (sweet)
වචනය	vacanaya	Word
වට්ටක්කා	vaṭṭak**kā**	Pumpkin
වටය	vaṭaya	Round
වටිනා	vaṭi**nā**	Valuable
වටිනාකම	vaṭi**nā**kama	Value
වඩු කාර්මිකයා	vaḍu **kā**rmikaya	Carpenter
වත්ත	vatta	Garden
වතුර	vatura	Water
වතුර බෝතලය	vatura **bō**talaya	Water bottle
වනය	vanaya	Forest
වම් (මතවාදයක් විශාවාස කිරීම)	vam (mata**vā**dayak vi**śāvā**sa kirīma)	Left (leftward)
වයස	vayasa	Age
ව්‍යාපාරය	v**yāpā**raya	Business
වරක්	varak	Once
වර්ගය	vargaya	Type

Sinhalese	Pronunciation	English
වර්ණය	varṇaya	Color
වර්තමානය (දැන්)	varta**mā**naya (dæn)	Present (now)
වර්තමානය (සංග්රහ)	varta**mā**naya (saṁgraha)	Present (treat)
වරද	Varada	Guilty
වරද	varada	Mistake
වර්ධනය	Vardhanaya	Grow
වර්ෂාව	varṣ**ā**va	Rain
වරාය (තොටුපළ)	var**ā**ya (toṭupaḷa)	Port (dock)
වසන්තය (උත්තම)	vasantaya (uttama)	Spring (prime)
වසා ඇත	va**sā** æta	Closed
වහනවා	vahana**vā**	Shut
වළලුකර	vaḷalukara	Ankle
වළාකුල	vaḷ**ā**kula	Cloud
වළාකුළු පිරි	vaḷ**ā**kuḷu piri	Cloudy
වාතය	**vā**taya	Air
වාද කරනවා	**vā**da karana**vā**	Argue
වාදනය කරනවා (නීරස ලෙස වාදනය කරනවා)	**vā**danaya karana**vā** (**nī**rasa lesa vādanaya karana**vā**)	Play (strum)
වාද්ය වෘන්දය	**vā**dya vṛndaya	Orchestra
වායු සමීකරණය කිරීම	**vā**yu sa**mī**karaṇaya ki**rī**ma	Air conditioning
වාසනාව	**vā**san**ā**va	Luck
වාසනාවන්ත	**vā**san**ā**vanta	Lucky
වැටීම (වැටෙන)	væṭ**ī**ma (væṭena)	Fall (falling)
වැටීම (සමයේ)	væṭ**ī**ma (sama**yē**)	Fall (autumnal)
වැටුප	væṭupa	Pay
වැටුප්	væṭup	Wage
වැඩසටහන	væḍasaṭahana	Program
වැඩිහිටි	væḍihiṭi	Adult
වැදගත්	vædagath	Important

Sinhalese	Pronunciation	English
වැරදි	væradi	Wrong
වැලි	væli	Sand
වැසිකිලි කඩදාසි	væsikili kaḍa**dā**si	Toilet paper
වැසිකිළිය	væsikiḷiya	Toilet
වැහිකබාය	væhika**bā**ya	Raincoat
වැළදගැනීම්	væḷadagæ**nī**ma	Hug
වෑන් රථය	**vǣ**n rathaya	Van
විකිණීමට (විශේෂ)	viki**ṇī**maṭa (vi**śē**ṣa)	Sale (special)
විකිණුම් බිල	vikiṇum bila	Bill (bill of sale)
විද්‍යාඥයා	vavid**yā**gna**yā**	Scientist
විද්‍යාව	vid**yā**va	Science
විදුලි	viduli	Electricity
විදුලි බුබුල	viduli bubula	Light bulb
විදුලි සෝපානය	viduli **sōpā**naya	Elevator
විදුහල	viduhala	College
විදේශීය	vi**dē**śiya	Overseas
විනාකිරි	viniri	Vinegar
විනෝද	vi**nō**da	Fun
විනෝද චාරිකාව (ගවේෂණ)	vi**nō**da **cā**ri**kā**va (ga**vē**ṣaṇa)	Trip (expedition)
විනෝද වන්න	vi**nō**da vanna	Have fun
වියදම්	viyadama	Cost
වියලි මිදි	viyali midi	Plum
වියළි	viyaḷi	Dry
විල	vila	Lake
විලවුන්	vilavun	Perfume
විවාහය	vi**vā**haya	Marriage
විවාහය	vi**vā**haya	Wedding
විවිධ	vividha	Different
විවෘත	vivṛta	Open

Sinhalese	Pronunciation	English
විවෘතකය බෝතල් (කස්කුරුප්පුව)	vivṛtakaya **bō**tal (kaskuruppuva)	Bottle opener (corkscrew)
විවේකය	vi**vē**kaya	Break
විශ්මිත	viśmita	Surprise
විශ්වාසය	viś**vā**saya	Trust
විශාල සාප්පු සංකීර්ණය	vi**śā**la s**ā**ppu saṁ**kī**rṇaya	Department store
විශේෂඥ	vi**śē**ṣagna	Specialist
විෂ සහිත	viṣa sahita	Poisonous
විස්තර	vistara	Details
විස්තර	Vistara	Information
විහිළුව	vihiḷuva	Joke
වීඩියෝ රෙකෝඩරය	**vī**ḍi**yō** re**kō**ḍaraya	Video recorder
වීදිය	**vī**diya	Street
වීදුරු(ඇස් කණ්ණාඩි)	**Vī**duru(æs kaṇ**ṇā**ḍi)	Glasses (eyeglasses)
වීදුරුව	**vī**duruva	Glass
වෙන් කරවා ගැනීම (වෙන්කර තැබීම)	ven karav**ā** gæ**nī**ma (venkara tæ**bī**ma)	Reservation (reserving)
වෙනත්	venat	Other
වෙන්න	venna	Be
වෙන්ව	venva	Seperate
වෙනස් කරනවා	venas karana**vā**	Change
වෙරළ	veraḷa	Beach
වෙරළ	veraḷa	Coast
වෙලඳපොල	velan̆dapola	Market
වෙලාවට	vel**ā**vaṭa	On time
වෙස් ගන්වන්න	ves ganvanna	Make-up
වෙළඳ (වෘත්තීය)	veḷan̆da (vṛt**tī**ya)	Trade (career)
වෙළඳ (වෙළෙඳ)	veḷan̆da (veḷen̆da)	Trade (trading)
වෙළඳ සැල	veḷan̆da sæla	Shop
වෙළඳ සැල	veḷan̆da sæla	Shop
වෙළුම් පටිය	veḷum paṭiya	Bandage

Sinhalese	Pronunciation	English
වේගය (ශ්රීඝ්රතාව)	**vē**gaya (**ś**r**ī**ghrat**ā**va)	Speed (rate)
වේදනා නාශක ඖෂධ	**vē**da**nā** **nā**śaka auṣadha	Aspirin
වේදනා නාශකය	**vē**da**nā** **nā**śakaya	Painkiller
වේදනාකාරී	**vē**da**nākārī**	Painful
වේදනාව	**vē**dan**ā**va	Pain
වෛද්යවරයා	vaidyavara**yā**	Doctor
වෛරසය	vairasaya	Virus
ශක්තිමත්	śaktimat	Strong
ශරීර සුවතාව	śar**ī**ra suvat**ā**va	Jogging
ශරීරය	śa**rī**raya	Body
ශාක	**śā**ka	Plant
ශාකසාර	shakasara	Herbal
ශිල්ප	śilpa	Crafts
ශිෂ්යsයා	śiṣya**yā**	Student
ශීත ඍතු	ś**ī**ta ṛtu	Winter
ශීතකරණය	**śī**takaraṇaya	Fridge
ශීතකරණය	ś**ī**takaraṇaya	Refrigerator
ශුද්ධ	śuddha	Pure
ෂවර්	ṣavar	Shower
ෂැම්පු	ṣæmpu	Shampoo
සංගීත කණ්ඩායම	sa**ṁgī**ta kaṇ**ḍā**yama	Band (musician)
සංගීතය	saṁ**gī**taya	Music
සංචාරකයා	saṁ**cā**raka**yā**	Tourist
සංචාරය	saṁ**cā**raya	Visit
සංචාරය	saṁ**cā**raya	Visit
සංචිතයේ (ද්රෝණියේ)	saṁcita**yē** (**drō**ṇi**yē**)	Pool (basin)
සංවේදී	saṁ**vēdī**	Sensible
සක්මන් කරන්නා	sakman karan**nā**	Stroller
සඟරාව	saňgar**ā**va	Magazine
සටන	saṭana	Fight

Sinhalese	Pronunciation	English
ස්ට්‍රෝhබරි	**sṭrō**bari	Strawberry
සටහන් පොත	saṭahan pota	Notebook
සතය	sataya	Cent
සත්වයා	satvaya	Animal
සත්වෝද්‍යානය	sat**vō**d**yā**naya	Zoo
සති අන්තය	sati antaya	Weekend
සතිය	satiya	Week
සතුට	sathuṭa	Happy
සතුටු වෙනවා	satuṭu vena**vā**	Enjoy (enjoying)
සතුටු සාමිචියේ යෙදෙනවා	satuṭu **sā**mici**yē** yedenavā	Chat up
ස්තුතියි	Stutiyi	Thank
ස්ථානය	**sthā**naya	Place
ස්ථානය	**sthā**naya	Station
ස්ථානය	**sthā**naya	Venue
සදහටම	sadahaṭama	Forever
සදාතනික	sa**dā**tanika	Rug
සන්සුන් වන්න	sansun vanna	Relax
ස්පර්ශ කිරීම	sparśa kirīma	Touch
සබන්	saban	Soap
සභාපති	sa**bhā**pati	President
සම	sama	Skin
සම්	sam	Leather
සමඟ	samaňga	With
සමනලයා	samanala**yā**	Butterfly
සම්බන්ධතාවය	sambandha**tā**vaya	Relationship
සමය	samaya	Season
සමලිංගික	samaliṁgika	Lesbian
සමලිංගිකත්වය	samaliṁgikatvaya	Sexism
සමහරවිට	samaharaviṭa	Maybe
සමාන	sa**mā**na	Same
සමාන	sa**mā**na	Similar

Sinhalese	Pronunciation	English
සමාලෝචනය	sa**mālō**canaya	Review
සමීකරණ (සමීකරණ ප්‍රතිකාර)	sa**mī**karaṇa (sa**mī**karaṇa pratikāra)	Conditioner (conditioning treatment)
සමීප	sa**mī**pa	Close (closer)
සමූහ අධාර	sa**mū**ha ad**hā**ra	Band-Aid
සර්පයා	sarpa**yā**	Snake
සරල	sarala	Simple
සලාද	sal**ā**da	Lettuce
සලාද	sal**ā**da	Salad
සවන් දෙන්න	savan denna	Listen
ස්වභාවය	sva**bhā**vaya	Nature
ස්වයංක්‍රීhය ටෙලර් යන්ත්‍ර	svayaṁk**rī**ya ṭelar yantraya	ATM
ස්වර්ණාභරණ	svar**ṇā**bharaṇa	Jewelry
සවස	savasa	Evening
ස්වාමිපුරුෂයා	**svā**mipuruṣha**yā**	Husband
සවාරිය	sa**vā**riya	Ride
සවාරිය (අසුන් පිට යෑම)	sa**vā**riya (asun piṭa **yæ**ma)	Ride (riding)
සහ	saha	And
සහතික	Sahatika	Guaranteed
සහල්	sahal	Rice
සහෝදරයා	sa**hō**dara**yā**	Brother
සහෝදරිය	sa**hō**dariya	Sister
සළුව	saḷuva	Scarf
සාගරය	**sā**garaya	Ocean
සාප්පු සාංකීර්ණය	**sā**ppu **sā**ṁ**kī**rṇaya	Shopping center
සාමය	**sā**maya	Peace
සාමාජික	**sāmā**jika	Member
සාමාන්‍ය	**sāmā**nya	Ordinary
සාමාන්‍යy	**sāmā**nya	Typical

Sinhalese	Pronunciation	English
සාය	**sā**ya	Skirt
සාස්පාන	**sāspā**na	Saucepan
සැප පහසු	sæpa pahasu	Comfortable
සැමන්	sæman	Salmon
සැමරුම	sæmaruma	Celebration
සැමවිටම	sæmaviṭama	Always
සැහැල්ලු (ජ්වලනය)	sæhællu (jvalanaya)	Lighter (ignited)
සැහැල්ලු (බර නැතිකම)	sæhællu (bara nætikama)	Light (weightless)
සෑම	**sǣ**ma	Each
සෑම	s**ǣ**ma	Every
සිගරට්ටුව	sigaraṭṭuva	Cigarette
සිට	siṭa	From
සිට	siṭa	Since
සිතා බලන්න	sit**ā** balanna	Think
සිතියම	sitiyama	Map
සිතුවම් (කලාව)	situvam (kal**ā**va)	Painting (the art)
සිතුවම් (කැන්වසය)	situvam (kænvasaya)	Painting (canvas)
සිනහව	sinahava	Smile
සිපරය	siparaya	Zipper
සියයට	siyayaṭa	Per cent
සියල්ල	siyalla	Everything
සියලු	siyalu	All
සියුම්	siyum	Fine
සිර මැදිරිය	sira mædiriya	Jail
සිරිත් විරිත්	sirit virit	Customs
සිල්ලර බඩු	sillara baḍu	Grocery
සිවි කාච	sivi k**ā**ca	Contact lenses
සිවි කාච විසඳුම	sivi **kā**ca visaňduma	Contact lens solution
සිසිල් (මෘදු උෂ්ණත්වය)	sisil (mṛdu uṣṇatvaya)	Cool (mild temperature)

Sinhalese	Pronunciation	English
සිහින්	sihin	Thin
සිහිනය	sihinaya	Dream
සීතල	**sī**tala	Cold
සීතලක් තිබෙනවා	**sī**talak tibena**vā**	Have a cold
සීනි	**sī**ni	Sugar
සීයා	**Sīyā**	Grandfather
සුඛෝපභෝගී	su**khō**pa**bhōgī**	Luxury
සුදු	sudu	White
සුප්	sup	Soup
සුපිරිවෙළෙඳසැල	supiriveḷeňdasæla	Supermarket
සුරා	sur**ā**	Wine
සුරුට්ටුව	suruṭṭuva	Cigar
සුවඳ	suwada	Smell
සුසාන භූමිය	su**sā**na **bhū**miya	Cemetery
සුළං	suḷaṁ	Wind
සුළි කුණාටුව	suḷi ku**ṇā**ṭuva	Storm
සූකිරි	**sū**kiri	Candy
සූට්කේසය	**sūṭkē**saya	Suitcase
සූදානම්	**sūdā**nam	Ready
සූදානම් වෙන්න	**sūdā**nam venna	Prepare
සූපවේදී	**sū**pa**vē**dī	Chef
සෘජු	sṛju	Direct
සෙන්ටි මීටරය	senṭi **mī**ṭaraya	Centimeter
සෙමින්	semin	Slowly
සේද	sēda	Silk
සේවය	**sē**vaya	Service
සොරකම	sorakama	Robbery
සොරකම්	sorakam	Steal
සොරකම් කරනලද	sorakam karanalada	Stolen
සෝඩා	**sōḍā**	Soda
සෝදනවා (අතුල්ලනවා)	**sō**dana**vā** (atullana**vā**)	Wash (scrub)

Sinhalese	Pronunciation	English
සෝදනවා (නෑම)	sōdanavā (nǣma)	Wash (bathe)
සෝපානය	sōpānaya	Escalator
සෝස්	sōs	Sauce
සෞඛ්‍ය	Saukhya	Health
හක්ක	hakka	Jaw
හඬ	haňda	Voice
හදවත	hadhavata	Heart
හදිසි	hadisi	Emergency
හදිසි	hadisi	Urgent
හදිසි අනතුර	hadisi anatura	Accident
හදුනා ගැනීම	hadunā gænīma	Identification
හරක් මස්	harak mas	Beef
හරහා	harahā	Across
හරිත	Harita	Green
හරියටම	hariyaṭama	Exactly
හාදුව	hāduvak	Kiss
හාදුව	hāduvak	Kiss
හාවා	hāvā	Rabbit
හාස්‍යජනක	hāsyajanaka	Funny
හැකි	hæki	Can (allowed)
හැකි	hæki	Possible
හැඟීම්	hæňgīm	Feelings
හැඩය	hæḍaya	Shape
හැන්ද	hænda	Spoon
හැඳුනුම්පත	hæňdunumpatha	ID card
හැමෝම	hæmōma	Everyone
හැරවීම	hæravīma	Turn
හිහයක්	hiňgayak	Shortage
හිදී	Hidī	At
හිම	hima	Frost
හිම	hima	Snow

Sinhalese	Pronunciation	English
හිමිකරු	himikaru	Owner
හිරු	hiru	Sun
හිරු බැසීම	hiru bæs**ī**ma	Sunset
හිරු මැකීම	hiru mæ**kī**ma	Sun block
හිස	hisa	Head
හිස්	his	Empty
හිස් ආවරණය	his āvaraṇaya	Helmet
හිස පීරනය	Hisa peeranaya	Hairbrush
හිසරදය	hisaradaya	Headache
හුමාල	hu**mā**la	Sauna
හුස්ම ගන්නවා	husma ganna**vā**	Breathe
හෙට	heṭa	Tomorrow
හෙද නිලධාරිනී	heda nila**dhā**rin**ī**	Nurse
හේතුව	**hē**tuva	Reason
හොඳ	hoňda	Best
හොඳින්	hoňdin	Well
හොරා	hora	Thief
හොරි	hori	Itch
හෝ	**hō**	Or
හෝටලය	**hō**ṭalaya	Hotel
ළඟම ඇති	ḷaňgama æti	Nearest
ළදරු නැප්කිනය	ḷadaru næpkinaya	Diaper
ළදරු පාසල	ḷadaru **pā**sala	Kindergarten
ළදරුවා	ḷadaruva	Baby
ළමයා	ḷa**māyā**	Child
වෛවද (ලෙඩ සුව කරන)	aivada (leḍa suva karana)	Medicine (medicinals)

CPSIA information can be obtained
at www.ICGtesting.com
Printed in the USA
LVOW04s1747170816
500776LV00021B/1153/P